LES 100 MEILLEURES RECETTES VÉGÉTARIENNES

Plus que des recettes savoureuses

Friedrich Winkler

LE MODE DE VIE VÉGÉTARIEN

Publié par Mindful Publishing

PRÉFACE DE L'ÉDITEUR

Nous sommes heureux que vous ayez choisi ce livre. Si vous êtes en possession d'un livre de poche, nous vous enverrons volontiers le même sous forme d'e-book, vous pourrez alors facilement tourner les pages numériquement ainsi que normalement.

Nous attachons une grande importance au fait que tous nos auteurs, lorsqu'ils créent leurs propres livres de cuisine, ont recuisiné toutes leurs recettes plusieurs fois. Par conséquent, la qualité de la conception des recettes et les instructions de recuisson sont détaillées et seront certainement réussies.

Nos auteurs s'efforcent d'optimiser vos recettes, mais les goûts sont et seront toujours différents !

Chez Mindful Publishing, nous soutenons la création des livres, afin que les auteurs créatifs des recettes puissent prendre leur temps et prendre plaisir à cuisiner.

Nous apprécions votre opinion sur nos recettes. Nous vous serions donc reconnaissants de commenter le livre et de nous faire part de votre expérience avec ces excellentes recettes !

Afin de réduire les coûts d'impression de nos livres et d'offrir la possibilité de proposer des recettes dans des livres, nous devons nous passer de photos dans les livres de cuisine. La version numérique a le même contenu que la version brochée.

Nos recettes vont vous convaincre et vous révéler un style culinaire dont vous ne pourrez plus vous passer !

LIQUEUR D'ŒUF

Ingrédients

8 jaunes d'oeufs
200 g de sucre
250 g de crème
250 g de Schnapps (Doppelkorn)
1 paquet de sucre vanillé

Préparation

Mettre tous les ingrédients dans le saladier, mélanger pendant 8 minutes/70°/niveau 4 et verser dans les bouteilles préparées.

Rapide, facile et peu coûteux. Toujours un bon souvenir de la cuisine.

Total :
11004kJ/ 2628kcal
Lipides : 130g
Protéines : 32g
Glucides : 218g
Fibres alimentaires : 0g
Cholestérol : 2288mg

FALAFEL AUX LENTILLES

Ingrédients

1 cuillère à soupe de beurre
125 g|de lentilles rouges
250 ml|d'eau
1 cube de bouillon de légumes
1 oignon(s)
1 oeuf(s)
2|gousse(s) d'ail
3 cuillères à soupe de persil frais (facultatif)
1 cuillère à soupe|de coriandre fraîche (facultatif)
2 cuillères à soupe de farine
1 cuillère à café|de poivre en poudre
1 cuillère à café|de cumin moulu

Préparation

Mélangez les lentilles dans le beurre et faites-les suer brièvement. Ajoutez 1/4 de litre d'eau et le cube de bouillon de légumes et faites cuire à couvert pendant environ 20 minutes à feu moyen.

Pendant ce temps, hachez l'oignon, le persil et la coriandre.

Si les lentilles ne sont pas encore décomposées après 20 minutes, les réduire brièvement en purée. Laissez le mélange refroidir brièvement et ajoutez tous les autres ingrédients.

Formez de petites galettes à partir du mélange.

Faites chauffer l'huile dans une poêle selon votre goût et faites frire les falafels pendant environ 2 minutes de chaque côté.

Ils sont délicieux avec des légumes frits et une trempette au tahini ou avec une salade, par exemple un taboulé.

PETITS PAINS À LA FETA À LA GRECQUE

Ingrédients

1 paquet|de pâte feuilletée du rayon frais (rouleau)
350 g|de feta ou de fromage de berger
1|œuf(s)
selon goût|herbes, méditerranéennes, séchées
|sel et poivre
|ail
au goût|des graines de sésame pour saupoudrer
|eau pour enrober

Préparation

Déroulez la pâte feuilletée. Écrasez la feta à la fourchette.
Ajoutez l'œuf, les herbes, le sel et le poivre si vous le souhaitez
(attention, le fromage est déjà salé !) et mélangez bien le tout.

Étaler sur la feuille de pâte, en laissant un morceau
libre sur la longueur pour l'enrouler. Badigeonnez le
morceau libre d'eau et enroulez-le du côté de la garniture.
Pressez bien la couture avec une fourchette.

Couper le rouleau en 12 escargots, saupoudrer de graines
de sésame et faire cuire au four préchauffé à 200°C (chaleur
supérieure/inférieure) pendant environ 25 min.

LE MEILLEUR MUESLI BIRCHER DU MONDE

Ingrédients

250 g de flocons d'avoine
350 ml|de lait
50 g de raisins secs
50 g d'amande(s), hachée(s)
2 cuillères à soupe de sucre
2 pommes de taille moyenne

Préparation

Mettez 250 g de flocons d'avoine (les flocons de cologne fins sont les meilleurs) dans un bol. Ajoutez 50g de sultanines, 50g d'amandes hachées, 2 cuillères à soupe de sucre et 350ml de lait et mélangez bien.
Epépinez et pelez 2 pommes moyennes. Ajoutez-les au porridge avec une râpe (à gros trous) et mélangez à nouveau. Ajoutez plus de sucre selon votre goût.
Couvrir et placer au réfrigérateur pendant 3-4 heures, prêt.

Si le muesli est trop ferme ou même trop fin après environ 3 heures, ajoutez simplement un peu plus de lait ou un peu de flocons d'avoine.

CROCODILE AU CONCOMBRE

Ingrédients

1|concombre(s)
1 paquet|de tomates à queue de coq
1 paquet de mini-mozzarella
1|carotte(s)

Préparation

Vous avez besoin de brochettes en bois ou de cure-dents.

Coupez le bas du concombre dans le sens de la longueur afin qu'il tienne bien sur une assiette ou un plateau sans rouler. Vous pouvez ensuite utiliser cette section pour faire les pieds du crocodile.

Faites une incision d'environ 5 cm sur le devant du concombre et utilisez un couteau pour découper des dents en haut et en bas.

Placez ensuite des brochettes sur le dessus du concombre jusqu'à ce qu'il soit complètement recouvert. Mettez au préalable une tomate cocktail et une mini mozzarella sur chaque brochette.

Au-dessus du museau, placez 2 brochettes, chacune avec une boule de mozzarella en guise d'yeux. Vous pouvez les décorer avec une noisette de chocolat ramolli ou de Nutella pour les rendre encore plus vrais.

Cette recette plaît beaucoup aux enfants et les ingrédients peuvent être modifiés selon les goûts, par exemple des saucisses cocktail et un raisin ou tout ce que vous voulez sur les brochettes. J'aime aussi offrir ce plat à l'école maternelle à la place du gâteau pour les anniversaires.

PINGOUINS AUX OLIVES ET AU FROMAGE DE CHÈVRE

Ingrédients

200 g|de fromage de chèvre frais - taler (12 taler)
12 grosses olives, noires sans noyau
12 petites olives noires sans noyau
1 carotte(s)

Préparation

Coupez les grosses olives noires en deux dans le sens de la longueur, elles deviendront les ailes des pingouins. Laissez les petites olives noires entières pour la tête.

Pour les pieds, épluchez la carotte et coupez-la en tranches d'environ 3 mm d'épaisseur. Découpez une petite "tranche de tarte" dans chaque tranche et plantez-la dans la petite olive pour faire le nez.

Avec des mains humides, formez des boules avec les noyaux de fromage de chèvre frais, pressez les moitiés d'olive des deux côtés et placez la boule sur les pieds de la carotte. Enfin, placez la tête de l'olive sur le dessus.

Conseil : si vous n'aimez pas les olives, vous pouvez les remplacer par des raisins noirs.

ŒUF AU PLAT
AU PAPRIKA

Ingrédients

1|piment(s)
4 œuf(s)
|herbes aromatiques de votre choix
|épice(s) au choix
un peu d'huile

Préparation

Lavez et séchez les poivrons et coupez-les en rondelles.
Mettez de l'huile dans une poêle, mettez les rondelles
et cassez un œuf dans chaque rondelle.

Assaisonnez avec des épices et des herbes selon
votre goût (j'utilise généralement du sel, du
poivre, du paprika et du persil).

C'est un vrai régal pour les yeux et cela donne
du piquant à l'œuf au plat habituel.

PUDDING CHIA-CHOCOLAT À FAIBLE TENEUR EN GLUCIDES

Ingrédients

200 ml de lait
50 ml|de lait de coco
1 ½ cuillère à soupe de poudre de cacao
35 g de graines (chia)
1 cuillère à café|de protéines en poudre, naturelles
2 traits d'édulcorant liquide

Préparation

Le chia rencontre la noix de coco - deux super aliments dans une boisson/pudding. Rapide à préparer, il est très rassasiant et vous donne de l'énergie pour les prochaines heures. Idéal comme en-cas entre les repas.

Mettez tous les ingrédients (d'abord le liquide, puis le solide) dans un mixeur et mélangez vigoureusement. Un mixeur plongeant fera également l'affaire. Ajoutez le goût sucré à votre goût et placez au réfrigérateur pendant environ 20 minutes. Puis mélangez bien.

Si vous ne pouvez pas attendre, vous pouvez consommer la boisson tout de suite, elle est encore liquide. Elle ne deviendra crémeuse (ressemblant à du pudding) qu'après avoir reposé pendant 20 minutes.

DES FRITES PARFAITES

Ingrédients

6 grosses pommes de terre, épluchées (2 kg)
selon le goût|huile végétale pour la friture

Préparation

Lavez et séchez soigneusement les pommes de terre. Coupez-les d'abord dans le sens de la longueur en tranches de 1 cm d'épaisseur, puis chaque tranche en bâtonnets de 1 cm de large.

Faites chauffer l'huile dans une poêle profonde et lourde. Plongez les bâtonnets de pommes de terre par petites portions dans l'huile modérément chaude et faites-les frire pendant 4 minutes jusqu'à ce qu'ils soient jaune clair. Sortez délicatement les frites de l'huile à l'aide de pinces et égouttez-les sur du papier absorbant.

Réchauffez l'huile juste avant de servir. Faites frire à nouveau les frites par portions jusqu'à ce qu'elles soient croustillantes et dorées. Egouttez-les sur du papier absorbant. Servez immédiatement. Le temps de friture est de 6 à 8 minutes.

CURRY - MARINADE BARBECUE POUR LA VOLAILLE

Ingrédients

30 g|de racine de gingembre
2 gousse/s d'ail
1 piment(s) rouge(s)
8 cuillères à soupe d'huile
2 cuillères à soupe d'huile de sésame
4 cuillères à café de poudre de curry
1 cuillère à café de curcuma
2 cuillères à café de sel
1 pincée(s) de poivre
1 cuillère à soupe de jus de citron

Préparation

La préparation est suffisante pour 500 g de blanc de poulet.

Pelez le gingembre et l'ail, retirez les graines du piment. Mettez tous les ingrédients dans un mixeur et mixez jusqu'à ce que tout forme un mélange lisse. Ajoutez le mélange à la viande dans un bol et laissez mariner pendant au moins 3 heures, de préférence toute la nuit.

MÉLANGE D'ÉPICES BBQ POUR LE POULET

Ingrédients

1 morceau(s)|de gingembre frais (environ 20g)
2 morceau(x) de gousse d'ail
1 cuillère à soupe de poivre doux en poudre
1 cuillère à soupe de miel
2 cuillères à café de sel
2 cuillères à café de cumin moulu
4 cuillères à soupe d'huile

Préparation

Je mets tous les ingrédients dans un petit mixeur. C'est fait !

Sinon, passez l'ail au presse-ail, râpez finement le gingembre et mélangez bien avec le reste des ingrédients.

Il suffit d'en enrober la volaille avant de la faire griller.

Conseil : les petites cuisses de poulet (avec la peau) sont parfaites pour le gril ! Je mets les blancs de poulet, etc. dans une plaque à griller pour qu'ils ne deviennent pas trop secs ou foncés.

RIZ AU LAIT CLASSIQUE

Ingrédients

500 ml|de lait entier, 3,5 % de matières grasses
125 g|de riz au lait
1 pincée(s) de sel
30 g de beurre
|sucre
|cannelle

Préparation

Portez le lait à ébullition avec le riz et la pincée de sel, en remuant constamment. Faites ensuite cuire à feu doux jusqu'à ce que le riz soit tendre. Il est important de remuer car ce plat brûle très facilement.

Faites fondre le beurre dans une petite poêle et faites-le dorer. Servez le riz au lait terminé avec du sucre, de la cannelle et du beurre brun.

Nous aimons l'accompagner de compote de pommes.

POMMES DE TERRE EN CHEMISE AVEC DU FROMAGE BLANC

Ingrédients

8 pomme(s) de terre
6 cuillères à soupe de séré maigre
2 cuillères à soupe de crème fraîche
|sel et poivre, du moulin
1 petit cresson
1 gros oignon(s)
100 g|de concombre(s), env.

Préparation

Faites bouillir les pommes de terre dans de l'eau salée.

Pendant ce temps, mélangez le séré avec la crème fraîche. Assaisonnez de sel et de poivre. Coupez le cresson du lit. Incorporez la moitié du cresson au séré.

Disposez le séré sur deux assiettes. Placez le cresson à côté. Épluchez et coupez en dés l'oignon et le concombre et ajoutez-les en petits tas.

Épluchez les pommes de terre et placez-les à côté du séré.

Plongez un morceau de pomme de terre à la fois dans le fromage blanc, ajoutez des cubes d'oignon ou de concombre et du cresson par-dessus, et mangez comme ça.

SALADE D'ŒUFS SIMPLE

Ingrédients

6 œuf(s)
3 cuillères à soupe de mayonnaise ou de crème à salade
1 cuillère à soupe de moutarde
2 courge(s)
|sel et poivre

Préparation
Faites cuire les œufs à la coque. Mélangez la mayonnaise
ou la crème à salade avec la moutarde. Vous pouvez
également modifier le rapport entre les deux selon le goût
et la consistance. Coupez les cornichons et les œufs en dés.
Mélangez le tout et assaisonnez avec du sel et du poivre.

BOULETTES KASPRESS

Ingrédients

1 petit(s) oignon(s)
1 gousse/s d'ail
200 ml de lait
250 g de semoule(s), coupée(s) en dés
2 œuf(s)
100 g de fromage, de fromage à la bière ou de fromage gris
|Sel et poivre
|persil
|Majoram, fraîchement haché
|gras de beurre

Préparation

Pelez et hachez finement l'oignon et l'ail. Faites-les revenir
dans un peu de beurre. Verser le lait et l'ajouter aux cubes
de pain. Ajouter les œufs, les épices et le fromage et bien
mélanger. Laissez reposer pendant environ 20 minutes.
Former ensuite de petites boulettes, les aplatir et
les faire frire dans du beurre clarifié chaud jusqu'à
ce qu'elles soient bien croustillantes.
Traditionnellement, elles sont servies dans une soupe
de bœuf avec beaucoup de ciboulette fraîche.

1 A CRÊPE AUX ŒUFS

Ingrédients

350 g de farine
70 g de sucre
6 œuf(s)
250 ml|de lait
250 ml|d'eau minérale gazeuse
1 cuillère à café de levure chimique
|Huile végétale, pour la cuisson

Préparation

Séparez les œufs. Battez les blancs d'oeufs et le sucre en neige.
Mélangez les jaunes d'oeufs avec le lait et l'eau. Mélangez la
farine et la levure chimique et incorporez-les au mélange
jaune d'œuf/lait/eau. Incorporer le blanc d'oeuf battu.
Faites chauffer la graisse dans la poêle, faites cuire les crêpes
à feu moyen jusqu'à ce que le dessous soit doré, retournez
les crêpes et faites-les cuire à nouveau comme ci-dessus.

Les blancs d'œufs battus, l'eau minérale et la levure chimique
rendent les crêpes très moelleuses et onctueuses.
Elles se dégustent chaudes ou froides.

FAITES VOTRE PROPRE GÂTEAU AUX GRAINES DE PAVOT

Ingrédients

125 g|de graines de pavot
60 ml|de lait
25 g de beurre mou
40 g de sucre

Préparation

Broyez les graines de pavot pendant environ 30 secondes, puis ajoutez le lait et le sucre et mélangez bien. Pendant ce temps, faites ramollir le beurre dans une casserole à feu doux. Ajoutez ensuite le mélange de graines de pavot au beurre dans la casserole et faites chauffer pendant environ 90 secondes. Laissez ensuite le mélange gonfler pendant encore 15 minutes et c'est fait ! !!!.

GAUFRES SIMPLES

Ingrédients

250 g de margarine, (Sanella) ou de beurre
200 g de sucre
2 oeufs
1 paquet de sucre vanillé
500 g de farine
1 sachet de levure chimique
500 ml|de lait

Préparation

Battez la margarine, le sucre, les oeufs et le sucre vanillé jusqu'à ce que le mélange soit mousseux. Ajoutez ensuite la farine, la levure chimique et le lait et mélangez. Faites ensuite cuire dans un gaufrier jusqu'à ce qu'elles soient dorées.

Dégustez avec du sucre glace, du sucre ou des cerises chaudes et de la crème !

1 A CRÊPES AUX POMMES ET AUX ŒUFS

Ingrédients

350 g de farine
70 g de sucre
6 œuf(s)
250 ml de lait
250 ml|d'eau minérale gazeuse
1 cuillère à café de levure chimique
2 pommes moyennes

Préparation

Epépinez les pommes lavées et coupez-les en morceaux (légèrement plus petits que des chips) avec la peau.

Séparez les œufs. Battez les blancs d'oeufs et le sucre en neige. Mélanger les jaunes d'oeufs avec le lait et l'eau. Mélangez la farine avec la levure chimique et incorporez-la au mélange jaunes d'œufs/lait/eau. Incorporer le blanc d'oeuf battu.

Faites chauffer la graisse dans la poêle, versez environ 2 louches à soupe de pâte et répartissez environ une poignée de morceaux de pommes sur la pâte. Faites cuire les crêpes à feu moyen jusqu'à ce que le dessous soit doré, retournez les crêpes et faites-les cuire à nouveau comme ci-dessus.

Les blancs d'œufs montés en neige, l'eau minérale et la levure chimique rendent les crêpes très moelleuses et onctueuses.

Elles se dégustent chaudes ou froides.

KAISERSCHMARREN

Ingrédients

100 g de farine
3 œuf(s)
125 ml de lait
1 cuillère à café de sucre
1 pct|de sucre vanillé
|sucre glace, pour saupoudrer
|raisins secs, au goût

Préparation

Battre en crème les jaunes d'oeufs avec le sucre, ajouter la farine
et le lait et incorporer la neige battue en neige et les raisins secs.
Faites fondre le beurre dans une poêle, versez-y la pâte
et faites-la cuire en la brisant en petits morceaux.
Saupoudrez de sucre glace sur l'assiette !

CRÊPES

450 g de farine
12 œuf(s)
900 ml de lait
120 g de beurre liquide
|sel

Préparation

Tamisez la farine dans un bol et mélangez-la avec
le lait jusqu'à obtenir une pâte lisse. Incorporez
les œufs battus, le beurre fondu et le sel.
Faites cuire les crêpes dans un moule avec un peu de beurre.
Remplissez-les comme vous le souhaitez.

CASSEROLE DE FROMAGE BLANC AUX POMMES

Ingrédients

3 œuf(s)
125 g de sucre
500 g de séré maigre
1 pincée de sel
1 paquet de levure chimique
75 g de grains
500 g de pommes
|margarine, pour le moule

Préparation

Battre en crème les œufs avec le sucre, incorporer le séré et le sel. Mélangez la levure chimique avec la semoule, incorporez-la au mélange de séré avec un fouet. Lavez, épluchez, coupez en quatre et évidez les pommes, coupez-les en fines tranches et ajoutez-les au mélange de fromage blanc.

Graissez le plat à four. Versez le mélange de fromage blanc dans le plat. Faites cuire au four à convection à 180 °C (200 °C en haut/en bas) sur l'étagère la plus basse pendant 40 minutes.

Servez avec une sauce froide à la vanille.

POMME ET CHOU ROUGE AVEC GARANTIE DE RÉUSSITE

Ingrédients

2,3 kg|de chou rouge
125 g|de lard de porc, neutre
6 pommes
1 tasse|de sucre
¼ tasse|de sel
¾ tasse|de vinaigre (vinaigre d'eau-de-vie),
éventuellement un peu moins
2 feuilles de laurier
8 girofle(s)
eau (au goût)
à volonté|farine pour épaissir

Préparation

Une tasse d'une capacité de 125 ml a été utilisée pour mesurer.

Faites chauffer le saindoux dans une grande casserole. Coupez le chou rouge en quatre, coupez-le en petits morceaux et ajoutez-le dans la casserole, remuez et faites-le braiser dans le saindoux. Peler les pommes, les couper en quatre, les couper en petits morceaux et les faire braiser également. Ajoutez le sucre, le sel et le vinaigre et remuez. Ajoutez suffisamment d'eau pour qu'elle soit visible au sommet du chou rouge. Ajoutez les feuilles de laurier et les clous de girofle. J'utilise pour cela des filtres à thé en papier, que je ferme avec du fil de congélation. Après la cuisson, ce sac peut être facilement retiré.

Faites cuire avec le couvercle pendant environ 2 heures. Avec un autocuiseur, le temps de cuisson est réduit. Règle générale : 1/3 du temps de cuisson habituel, dans ce cas environ 40 minutes. Ces quantités sont idéales pour un autocuiseur de 5,5 litres.

Si nécessaire, assaisonnez avec du sucre, du sel et du vinaigre.

Fouettez la farine dans un bol avec de l'eau froide, incorporez-la dans le chou rouge bouillant et laissez cuire doucement pendant environ 8 minutes en remuant. Important avec de la farine ordinaire pour obtenir un bon goût.

C'est notre recette familiale depuis des générations. Bon marché, délicieuse et idéale pour la congélation. J'aime maintenant congeler le chou rouge dans des récipients à glace de 1000 ml. Réchauffez lentement le chou rouge décongelé et n'oubliez pas de remuer !

GÂTEAU AUX FRAMBOISES ET AU YAOURT

Ingrédients

Pour la pâte :
3 œuf(s)
75 g de sucre
50 g de farine
25 g de fécule, 1 cuillère à soupe de rhum
Pour la pâte :
3 œuf(s)
75 g de sucre
50 g de farine
25 g de fécule, 1 cuillère à soupe de rhum

Préparation

Préparez tous les ingrédients pour l'éponge et pesez-les. Il est important de travailler rapidement. Préchauffez le four à 180° en haut et en bas et recouvrez le fond d'un moule à charnière (26 cm de diamètre) de papier sulfurisé, en entourant l'anneau. Graissez légèrement le papier sulfurisé. Séparez les œufs en faisant attention à ne pas laisser de traces de jaune d'œuf dans les blancs ! Battez les blancs d'œufs dans un bol propre jusqu'à ce qu'ils soient fermes, en ajoutant lentement environ 1 cuillère à soupe de sucre. Battez ensuite les jaunes d'œufs et ajoutez lentement le reste du sucre en filet, en ajoutant le rhum à la fin. Versez les blancs d'œufs battus sur le mélange de jaunes d'œufs, tamisez le mélange de farine et de fécule sur le dessus et incorporez le tout soigneusement mais rapidement avec un grand fouet. Versez la pâte dans le moule à charnière, lissez-la légèrement et placez-la dans le tiers inférieur du four maintenant chaud. Faites cuire pendant environ 20 minutes, en gardant la porte du four fermée.

Après la cuisson, sortez la pâte du moule à charnière et retirez soigneusement le papier sulfurisé de la pâte. Si cela ne fonctionne pas bien, essuyez le papier avec un chiffon humide pour qu'il soit plus facile à retirer. Laissez la pâte refroidir.

Faites tremper la gélatine. Mélangez le yaourt et le sucre. Dissolvez la gélatine pressée selon les instructions du paquet et incorporez-la au yaourt, mettez au frais. Fouettez la crème jusqu'à ce qu'elle soit ferme et incorporez-la au mélange de yaourt "routier". Placez la base de la génoise sur un plat à gâteau, entourez-la d'un bord de gâteau et versez la crème au yaourt, mettez au frais. Lorsque le mélange est ferme, placez délicatement les framboises sur le dessus. Préparez un glaçage pour gâteau avec le jus de pomme, le sucre et la poudre de glaçage pour gâteau et versez-le sur les framboises. Lorsque le glaçage est ferme, le bord du gâteau peut être retiré. Pressez les éclats d'amande sur le bord du mélange de yaourt ferme.

GÂTEAU AU FROMAGE ET À LA CRÈME

Ingrédients

Pour la pâte :
200 g de farine
120 g de beurre
70 g de sucre
1 œuf(s), dont le(s) jaune(s)
|sel
½|citron(s), dont le zeste râpé.

Pour la pâte :
200 g|de farine
120 g de beurre
70 g de sucre
1 œuf(s), le jaune d'œuf
|sel
½|citron(s), dont le zeste râpé

Préparation

Réaliser une pâte brisée à partir des ingrédients de la pâte.
Formez une boule avec la pâte et laissez-la reposer au réfrigérateur pendant 2 heures, enveloppée dans du papier aluminium.

Préchauffez le four à 190 degrés Celsius et étalez la pâte
en deux couches de gâteau de 26 cm de diamètre chacune
et faites-les cuire sur une plaque à pâtisserie sur l'étagère
du milieu pendant 8 à 10 minutes jusqu'à ce qu'elles

soient brun clair. Coupez une base en 12 morceaux pendant qu'elle est encore chaude et laissez-la refroidir sur une grille de refroidissement avec toute la base.

Pour le fromage frais, portez à ébullition le lait, le sucre, le zeste de citron, le sel et les jaunes d'œufs en remuant constamment. Retirez du feu et incorporez la gélatine, dissoute comme indiqué, dans le lait. Mettez le lait au frais. Fouettez la crème jusqu'à ce qu'elle soit ferme. Lorsque le lait commence à prendre, incorporez le fromage blanc et la crème fouettée. Placez la base du gâteau non divisé dans un moule à charnière et tapissez le bord du moule avec une bande de papier sulfurisé. Versez la crème de séré sur la base du gâteau et lissez la surface. Laissez la crème prendre au réfrigérateur.

Retirez le gâteau du moule, enlevez le papier sulfurisé du bord et placez la base divisée sur le gâteau. Saupoudrez le gâteau de sucre glace et servez.

GÂTEAU À LA CRÈME AU FROMAGE

Ingrédients

Pour la pâte à génoise :
4 œuf(s)
130 g de sucre
1 pt|de sucre vanillé
100 g de farine
50 g de fécule
2 cuillères à café de levure chimique
Pour la pâte à biscuits
4 oeufs
130 g de sucre
1 pt|de sucre vanillé
100 g de farine
50 g de fécule
2 cuillères à café de levure chimique

Préparation

Tapissez le fond d'un moule à charnière de 28 cm avec du papier sulfurisé. Préchauffez le four à 180 °C (four à convection).

Battez les oeufs avec le sucre pendant environ 8 à 10 minutes jusqu'à ce qu'ils deviennent blancs et mousseux (ne vous arrêtez pas trop tôt). Mélangez la farine avec l'amidon et la levure chimique, tamisez sur le mélange d'œufs et incorporez soigneusement. Versez la pâte dans le moule et faites cuire pendant environ 20 à 25 minutes. Laissez refroidir complètement, puis divisez le gâteau en deux.

Pour la garniture, faites tremper la gélatine dans de l'eau froide. Mettez les jaunes d'œufs, le Citroback, le sucre et le lait dans une casserole, mélangez bien et faites chauffer à feu moyen, en remuant constamment, jusqu'à ce que le mélange épaississe. Incorporez ensuite la gélatine pressée jusqu'à ce qu'elle soit dissoute. Versez ensuite le mélange dans une passoire pour éliminer les éventuels nodules de gélatine. Laissez refroidir légèrement et ajoutez au fromage blanc dans un grand bol. Remuez jusqu'à ce que le mélange épaississe. Incorporer la crème fouettée en fin de préparation.

Placez la couche inférieure de génoise dans un moule à gâteau. Versez le mélange de crème fouettée sur le dessus. Placez la seconde moitié de la base sur le dessus. Placez au réfrigérateur pendant la nuit pour que le mélange de crème prenne.

Pour 12 pièces.

KRANZ DE FRANCFORT

Ingrédients

Pour la base :
4 œuf(s)
250 g de sucre
200 ml d'huile
200 ml|de lait ou de jus
300 g de farine
1 paquet de levure chimique
Pour la base :
4 œuf(s)
250 g de sucre
200 ml d'huile
200 ml|de lait ou de jus
300 g de farine
1 paquet de levure chimique
Pour la base :
4 œuf(s)
250 g de sucre
200 ml d'huile
200 ml|de lait ou de jus
300 g de farine
1 paquet de levure chimique

Préparation

La base est une pâte à l'huile, elle n'est donc pas trop sèche comme certaines autres bases de Frankfurter Kranz.

Préchauffez le four à 190 °C en haut/bas.

Battre les œufs et le sucre jusqu'à ce qu'ils soient épais et crémeux. Ajouter lentement l'huile et le liquide. Incorporez la farine et la levure chimique. Versez maintenant la pâte dans le moule graissé (moule à anneau ou moule à ressort avec cheminée). Faites cuire dans le four préchauffé pendant environ 45 minutes. Testez avec des baguettes pour voir si la base est cuite.

Laissez refroidir le gâteau et coupez-le en deux.

Pour la crème au beurre, faites cuire une crème anglaise avec du lait, de la poudre de crème anglaise et du sucre selon les instructions. Laissez la crème refroidir complètement, en remuant de temps en temps pour que la crème ne prenne pas la forme d'une peau.

Battez le beurre en crème et incorporez lentement la crème pâtissière.

Étalez maintenant la confiture rouge sur la couche inférieure, puis étalez une partie de la crème au beurre sur la confiture. Placez la deuxième base sur le dessus et étalez à nouveau la crème au beurre, puis placez la dernière base sur le dessus et étalez l'extérieur du gâteau avec le reste de la crème. Saupoudrez de brittle et décorez comme chacun le souhaite.

GÂTEAU À LA VAGUE DU DANUBE

Ingrédients

Pour la pâte :
450 g|de farine
1 paquet de poudre à lever
4 œuf(s)
1 cuillère à soupe de cacao
1 cuillère à soupe de lait
175 g de sucre
2 verres|de cerises acides, sans noyaux, ou de cerises
acides fraîches
225 g de lait
225 g d'huile
Pour la pâte :
450 g|de farine
1 paquet de levure chimique
4 oeufs
1 cuillère à soupe de cacao
1 cuillère à soupe de lait
175 g de sucre
2 verres|de cerises acides, sans noyaux, ou de cerises
acides fraîches
225 g de lait
225 g d'huile
Pour la pâte :
450 g|de farine

1 paquet de levure chimique
4 oeufs
1 cuillère à soupe de cacao
1 cuillère à soupe de lait
175 g de sucre
2 verres|de cerises acides, sans noyaux, ou de cerises
acides fraîches
225 g de lait
225 g d'huile

Préparation

Préparez d'abord deux moules à charnière ou des cercles à gâteau avec du papier sulfurisé. Préchauffez le four à 175 °C en haut et en bas.

Pour la pâte, battez les œufs et le sucre jusqu'à ce qu'ils soient blancs et mousseux, puis incorporez l'huile et le lait. Mélangez la farine avec la levure chimique et ajoutez-la au mélange d'œufs. Mélangez le tout sur le réglage le plus bas jusqu'à ce que vous obteniez une pâte lisse.

Répartissez la moitié de la pâte entre vos deux moules à charnière. Incorporez la poudre de cacao dans l'autre moitié du mélange et ajoutez suffisamment de lait pour que la pâte foncée ait la même consistance que la pâte claire. Répartissez-la uniformément sur la pâte claire dans les deux moules à charnière. Utilisez les mouvements circulaires d'une fourchette pour marbrer le mélange.

Ensuite, égouttez les cerises et répartissez-les sur votre pâte. Le jus n'est pas nécessaire pour cette recette.

Faites cuire les fonds à 175 °C en haut et en bas pendant environ 30 minutes et vérifiez avec le test de la baguette qu'ils sont cuits. Après la cuisson, retirez-les du moule et laissez-les refroidir.

Pendant ce temps, vous pouvez préparer le pudding
à la vanille pour la crème au beurre allemande.
Pour le pudding, mélangez tous les ingrédients sauf la gousse
de vanille et le beurre dans une casserole. Grattez le noyau
de la gousse de vanille et ajoutez-le au lait. Portez ensuite
le mélange à ébullition en remuant constamment. Dès que
l'ébullition est atteinte, retirez la casserole du feu et enlevez
la gousse de vanille. Versez ensuite la crème pâtissière
dans un bol et couvrez directement la surface de la crème
pâtissière avec du film alimentaire. Le mélange doit refroidir
complètement, ce qui peut prendre quelques heures.

Pour la crème au beurre, fouettez le beurre jusqu'à ce
qu'il devienne mousseux. Passez ensuite le pudding à la
vanille refroidi à travers un tamis et ajoutez-le au beurre.
Mélangez le tout jusqu'à ce que ce soit crémeux.

Prenez d'abord une des deux couches de gâteau refroidies,
mettez un cercle à gâteau autour et ajustez-le bien à la bonne
taille. Prenez un tiers de la crème au beurre et étalez-la sur le
dessus. Pour ce faire, utilisez une petite palette coudée ou une
carte à pâtisserie et une assiette à gâteau rotative. Une fois
que vous avez lissé la surface, placez la deuxième couche de
gâteau sur le dessus. Puis étalez le deuxième tiers de la crème
sur le gâteau. Plus vous serez précis, plus le résultat sera beau.
Retirez le cercle de gâteau et étalez le reste de la crème sur le
bord. Retirez ensuite l'excédent avec une carte à pâtisserie
et mettez le gâteau au frais pendant au moins une heure.

Pour la décoration, faites fondre le chocolat en utilisant la
méthode de l'ensemencement. Répartissez le chocolat dans
un rapport de 1/3 à 2/3. Faites chauffer la plus grande quantité
au bain-marie. Le bol ne doit se trouver que dans la vapeur de
l'eau et non directement dans l'eau. Remuez lentement pour
que le chocolat fonde uniformément. Ajoutez le Nutella et le
Palmin et laissez-les fondre dans le chocolat. Sortez ensuite

le chocolat du bain-marie et ajoutez le reste du chocolat. Remuez lentement jusqu'à ce qu'il soit complètement fondu. Cette méthode le refroidit automatiquement et lui donne la température de travail parfaite.

Versez le chocolat entièrement sur le gâteau et répartissez-le de manière à ce qu'il coule sur le bord. Vous devez travailler rapidement, car le chocolat va rapidement se solidifier à nouveau. Si vous le souhaitez, vous pouvez utiliser un couteau pour gratter des copeaux de chocolat et les répartir sur le gâteau.

Nous avons tous trouvé ce gâteau aux vagues du Danube très savoureux et il est également très beau. Le pudding à la vanille fait maison donne à la crème un délicieux goût de vanille naturelle. J'ai trouvé le rapport de mélange avec les couches hautes du gâteau, le peu de crème au beurre et le chocolat très savoureux.

PAIN AUX POMMES POUR L'AVENT

Ingrédients

300 g de farine d'épeautre, (complète)
100 g|Flocons d'avoine, fins, bio
1 ½ paquet|de levure chimique
2 cuillères à soupe de cacao, (cacao à cuire)
1 cuillère à café de cannelle
300 g de groseilles
600 g|de pommes, râpées grossièrement, par exemple Boskoop
1 cuillère à soupe de rhum, 54%.

Préparation
Mélangez bien les ingrédients secs, puis pelez et râpez
grossièrement les pommes et n'oubliez pas le rhum.
Pétrissez bien le tout et remplissez un moule à pain graissé.
Faites cuire au four à 175°C pendant environ 1 heure.

PAIN VÉGÉTALIEN AUX FRUITS

Ingrédients

200 g de figues séchées
100 g|date(s), séchée(s)
100 g Prune(s), séchée(s)
100 g de raisins secs
150 g de purée de pommes
1|Orange(s)
100 g|amande(s), moulue(s)
100 g|Farine d'épeautre complète
75 g de noix de pécan
75 g de noix de cajou
selon goût|épice pour pain d'épices

Préparation

Coupez d'abord en quatre les figues, les dattes et les prunes et pressez le jus de l'orange. Mélangez ensuite le jus et la compote de pommes avec tous les fruits secs et laissez reposer pendant 30 minutes. Ensuite, préchauffez le four à 170 degrés en haut/bas.

Coupez les noix de pécan en deux, puis mélangez tous les ingrédients et remuez vigoureusement pendant quelques minutes. Je le fais toujours avec une cuillère pour que les fruits et les noix gardent leur forme. La pâte semble un peu sèche au début, mais continuez à remuer et elle prendra une consistance humide mais gluante. Versez maintenant la pâte dans un moule à pain tapissé d'huile et pressez-la fermement dans le moule. Avec mon moule à pain de 30 x 11 cm, la pâte doit cuire pendant exactement 50 minutes. Le pain aux fruits est alors très humide.

Laissez le pain refroidir dans le moule pendant environ 10 minutes, puis démoulez-le. Lorsque le pain a refroidi, il est préférable de l'emballer dans du papier aluminium afin qu'il reste frais et juteux pendant plusieurs jours.

La recette est très polyvalente et peut être modifiée en ajoutant 500 g d'autres fruits secs et 150 g d'autres noix de votre choix.

BOULETTES DE LEVURE DE BOHÊME DES SUDÈTES

Ingrédients

300 g de farine de blé
100 g|de grains (blé dur)
1 œuf(s) de taille moyenne
10 g de sel
100 ml|d'eau, tiède
100 ml de lait (lait entier), tiède
1 pincée(s) de noix de muscade
1 sachet/s de levure sèche ou 20 g de levure fraîche
5 g de sucre
|eau salée

Préparation

Préparez une pré-pâte avec 50 g de farine, le sucre et l'eau tiède et laissez-la lever pendant 15 à 20 minutes. Préparez ensuite une pâte à levure légèrement collante avec les ingrédients restants et laissez-la lever, couverte, pendant 45 à 60 minutes dans un endroit chaud et sans courant d'air.

Formez deux ou trois longs rouleaux avec la pâte (si nécessaire, utilisez un peu plus de farine) et laissez-les lever pendant 15 minutes supplémentaires. Pendant ce temps, remplissez d'eau une casserole de grand (!) diamètre (sinon, utilisez deux casseroles), ajoutez 2 cuillères à café de sel et portez à ébullition.

Placez les boulettes de levure dans l'eau bouillante, mettez le couvercle et retirez immédiatement le feu (le niveau 1 de la cuisinière électrique est tout à fait suffisant). Laissez infuser pendant 15 minutes, retirez brièvement le couvercle, retournez rapidement les boulettes et laissez à nouveau infuser pendant 15 minutes.

Au bout de 30 minutes, retirez les boulettes de l'eau et piquez-les immédiatement 3-4 fois des deux côtés avec une fourchette très pointue (cela les rend plus moelleuses), puis coupez-les en tranches (la ficelle est originale, mais un couteau bien aiguisé fera l'affaire).

J'aime servir ces boulettes avec du goulasch et beaucoup de sauce, des restes souvent frits avec des oignons et un œuf au plat et de la salade, ou en version "petits-enfants" avec du sucre et de la cannelle, des pommes en compote et de la sauce à la vanille (nous en mangions souvent pour nous, les enfants). Ces boulettes sont également parfaites pour les casseroles (sucrées), pour remplacer le pain grillé qui y est utilisé.

J'ai déjà essayé quelques recettes, car celle-ci est un peu plus élaborée, mais le travail en vaut la peine et je reviens toujours à cette variante de préparation, car ce sont vraiment les meilleures boulettes que je connaisse.

PAIN NAAN INDIEN

Ingrédients

500 g de farine
2 cuillères à soupe d'huile
2 cuillères à café|de levure sèche
1 cuillère à café de levure chimique
1 cuillère à café|de sel
2 cuillères à soupe de sucre
1 oeuf(s)
150 ml|de yaourt
150 ml de lait
|de la farine pour le plan de travail
un peu d'huile pour la cuisson

Préparation

Mettez le lait dans un bol et mélangez la levure sèche avec la moitié du sucre, mélangez avec le lait et mettez dans un endroit chaud pendant 20 minutes. Pendant ce temps, mettez la farine, la levure chimique, le reste du sucre et le sel dans un autre bol et mélangez.

Après 20 minutes, mélangez le lait, puis l'œuf, le yaourt et l'huile avec la farine et pétrissez pour obtenir une pâte à pain. Si la pâte est trop humide, ajoutez un peu de farine, et si la pâte est trop sèche, ajoutez un peu de yaourt. Couvrez ensuite la pâte dans le bol avec un torchon et mettez-le dans un endroit chaud pendant 60 minutes et laissez la pâte lever.

Saupoudrez ensuite un peu de farine sur le plan de

travail et pétrissez à nouveau bien avec vos mains. Coupez la pâte en 6 à 8 parts égales et formez des galettes rectangulaires d'une épaisseur d'environ 8 mm à 1 cm.

Faites chauffer une poêle à frire et ajoutez un petit filet d'huile et laissez-la chauffer. Important : N'ajoutez pas trop d'huile dans la poêle, sinon la pâte s'imbibera et le pain ne sera pas cuit.

Placez ensuite une galette de pâte dans la poêle chaude et faites-la cuire d'un côté jusqu'à ce qu'elle soit brune et que des bulles se forment sur le dessus. Retournez ensuite le pain naan et faites-le cuire de l'autre côté jusqu'à ce qu'il soit brun. Faites cuire les autres galettes de la même manière.

Le pain est meilleur servi chaud et vous pouvez saupoudrer du fromage sur le dessus ou le déguster froid avec des saucisses ou d'autres garnitures de pain.

CAKE POPS DE L'APPAREIL À POP-CAKE

Ingrédients

150 g de sucre
150 g de beurre ou de margarine
3 oeufs
150 g de farine
1 cuillère à café de levure chimique
100 g de chocolat (gouttes de chocolat)
100 g de chocolat au lait entier
150 g de chocolat blanc
|Paillettes de sucre, colorées
|Graisse pour l'appareil à Cake Pop

Préparation

Battez en crème le beurre et le sucre. Ajoutez les œufs et mélangez jusqu'à obtenir une pâte crémeuse. Ajoutez la farine et la levure chimique pour obtenir une pâte crémeuse. Incorporez les gouttes de chocolat.

Préchauffez bien le fer à cake pop et graissez-le. Remplissez les cavités à moitié avec la pâte. Cela fonctionne très bien avec une poche à douille. Faites cuire au four pendant environ 4 à 5 minutes.

Faites fondre le chocolat. Plongez le haut des bâtonnets d'environ 1 cm dans le chocolat, puis plantez-les dans le Cake Pop. Laissez le chocolat bien sécher. Le mieux est de le faire au congélateur (environ 5 minutes).

Recouvrez ensuite les cake pops de chocolat et décorez-les comme vous le souhaitez.

CIABATTA À L'AIL ET AU FROMAGE

Ingrédients

1|Ciabatta, à cuire au four
300 g|de gouda, en un seul morceau
3 gousse(s) d'ail
huile d'olive (au goût)
à volonté|beurre aux herbes

Préparation

Coupez la ciabatta en diagonale. Les cubes entre les coupes doivent mesurer environ 1 - 1,5 cm. Il est préférable de placer une cuillère en bois étroite en dessous pour éviter de couper le pain.

Coupez le Gouda - vous pouvez bien sûr essayer d'autres fromages - en bandes d'environ 2 cm de large et 0,5 cm d'épaisseur.

Hacher finement ou presser l'ail et le mélanger avec l'huile d'olive et le beurre aux herbes pour obtenir un mélange homogène. Selon votre préférence, utilisez plus de beurre aux herbes ou plus d'huile. J'utilise généralement un peu plus de beurre aux herbes. Au final, le mélange doit être légèrement liquide et facile à étaler.

Maintenant, remplissez le mélange dans le pain. Pour ce faire, il suffit d'étaler un peu les incisions à l'aide d'un couteau et de remplir/enrober le mélange avec un autre couteau ou une cuillère. Seules les incisions qui pointent dans la même direction sont remplies du mélange. Pressez ensuite les bandes de fromage dans les rangées non remplies précédemment. Pour ce faire, étalez à nouveau un peu avec un couteau et enfoncez-y fermement le fromage.

S'il reste encore du mélange, frottez-le simplement sur le pain.

Faites maintenant cuire les ciabatta selon les instructions figurant sur l'emballage. En règle générale, 10 à 15 minutes à 200 degrés en mode convection suffisent.

Les cubes peuvent simplement être retirés du pain avec les doigts. La base du pain est délicieuse avec un peu de sauce à tremper. Le résultat attire toujours l'attention des invités et est tout simplement délicieux.

MINI-GUGELHUPF AU YAOURT AU CITRON

Ingrédients

100 g de beurre mou
150 g de sucre
2 œuf(s)
190 g de farine
1 cuillère à café de levure chimique
1 pincée(s) de sel
1 pincée(s)|de cannelle
½ cuillère à café|de sucre vanillé
90 g de yaourt
1 citron(s)

Préparation

Préchauffez le four à 180 °C en haut/bas.

Battez le beurre et le sucre jusqu'à ce qu'ils soient mousseux,
ajoutez les œufs. Mélangez le yaourt, le jus et le zeste de citron.
Mélangez la farine, la levure chimique, le sel, la cannelle et
la vanille. Ajoutez maintenant le yaourt et les ingrédients
secs en alternance au mélange d'œufs. Versez le mélange dans
une poche à douille et remplissez le moule à mini gelée.
Faites cuire au four pendant environ 10 à 15
minutes, testez avec des baguettes.

Laissez les mini-boules refroidir, puis saupoudrez-les de sucre glace.

Mélangez le sucre glace avec un filet de jus de citron et décorez les boules avec, saupoudrez de pistaches si vous le souhaitez.

NOIX À GRIGNOTER

Ingrédients

600 g de noix, débarrassées de leur coque
150 ml|de sirop d'érable
3 cuillères à soupe de sauce soja
30 ml d'huile d'olive
1 ½ cuillère à café|de poivre de Cayenne
ou de piment en poudre
100 g de sucre

Préparation

Mélangez tous les ingrédients, sauf les noix, dans un grand
bol jusqu'à ce qu'ils soient bien combinés. Ajoutez les noix,
mélangez bien le tout, puis étalez les noix côte à côte sur
une plaque de cuisson recouverte de papier sulfurisé.

Faites cuire dans un four préchauffé (chaleur
supérieure/inférieure) à 180 degrés pendant environ
10 minutes - en tournant une fois entre les deux.
Laissez refroidir et dégustez simplement.

Ces grignotages sont délicieux avec de la bière ou du vin
rouge. Ils se conservent environ 3 mois dans une boîte
hermétique, mais ils sont toujours dégustés avant.

GRIGNOTAGE À LA LEVURE TURQUE

Ingrédients

2 tasses de lait
1 tasse d'huile
2 blancs d'oeufs
2 jaunes d'oeufs, pour les enrober
3 cuillères à soupe de sucre
2 cuillères à soupe de sel
1 cube de levure
1 kg de farine
200 g de feta
selon goût|persil, lisse
|sesame
|Farine pour le plan de travail

Préparation

La tasse utilisée comme mesure contient environ 250 ml.

Faites chauffer le lait jusqu'à ce qu'il soit tiède et faites-y dissoudre la levure. Ajoutez l'huile, le blanc d'oeuf, le sucre et le sel. Enfin, ajoutez peu à peu la farine et pétrissez-la pour obtenir une pâte. La pâte ne doit cependant pas devenir trop ferme et sèche. Saupoudrez-la de farine et laissez-la lever dans un endroit chaud pendant une demi-heure.

Ensuite, façonnez la pâte en boules (de la taille d'une

mandarine). Couvrez-les et laissez-les lever sur une surface farinée pendant une autre bonne heure. Émiettez la feta ; si vous le souhaitez, vous pouvez ajouter du persil plat haché.

Aplatissez légèrement la pâte avec vos doigts, placez la feta au milieu, roulez-la et formez un escargot. Badigeonnez de jaune d'œuf et saupoudrez de graines de sésame.

Faites cuire au four à 175°C pendant environ 15 à 20 minutes. Lorsque les petits pains sont dorés, ils sont parfaits.

BOULES DE FROMAGE BRÉSILIENNES - PÃO DE QUEIJO

Ingrédients

1 kg|de tapioca (farine), ou, si disponible, de Polvilho azedo
200 ml d'huile
500 g|de fromage, râpé (mélange de parmesan
et de gouda, moyennement vieux)
3 oeufs, taille M
400 ml|de lait
125 ml d'eau
1 cuillerée à soupe|de sel, bien tassée

Préparation

Portez l'eau et le lait à ébullition dans une casserole
avec l'huile et le sel. Retirez la casserole du feu et ajoutez
progressivement la farine de tapioca en l'incorporant.
Battez les 3 œufs et faites-les glisser dans la pâte.
Travaillez le tout pour obtenir une pâte lisse.

Enfin, ajoutez le fromage râpé (vous pouvez également utiliser
le fromage turc Kefalotery, ou Manchego ou Pecorino) et maintenant il est préférable de travailler la pâte avec vos mains et de
tout pétrir correctement. Si elle est trop collante, incorporez
un peu plus de farine de tapioca. La pâte a une consistance
assez molle. C'est pourquoi elle doit reposer au réfrigérateur

pendant 1 heure afin que les boules puissent mieux se former.

À l'aide d'une cuillère à glace ou d'une cuillère à soupe, prélevez de petites quantités de pâte et formez des boules. Placez-les sur une plaque de cuisson recouverte de papier sulfurisé et faites-les cuire pendant 20 à 25 minutes sur le plateau central du four à convection à 180 - 200°C jusqu'à ce qu'elles soient dorées.

À la fin du temps de cuisson, ils sont légèrement croustillants à l'extérieur et merveilleusement moelleux à l'intérieur. Cette consistance particulière est juste parfaite.

Ces boules de fromage se dégustent chaudes, directement à la sortie du four, avec une salade fraîche. Elles se mangent dès que l'on a faim, mais généralement avec le "cafe da tarde" - une sorte de café/dîner de l'après-midi/du soir que l'on mange entre 17 et 19 heures au Brésil. Mais bien sûr, rien ne vous empêche de les déguster au petit-déjeuner. Le soir, les pão de queijo sont également appréciés comme en-cas avec un peu de beurre et de sel pour accompagner une bière, un mochito ou un caipi.

Conseil :
Les boules peuvent être congelées à l'état brut et sorties en portions au moment voulu. Laissez-les décongeler légèrement et faites-les cuire comme décrit ci-dessus jusqu'à ce qu'elles soient dorées.

La farine de tapioca/fécule de tapioca est fabriquée à partir de la racine du manioc. Il s'agit d'une farine sans gluten, amylacée et légèrement sucrée qui convient particulièrement pour épaissir les soupes, les sauces, les trempettes ou les garnitures de tarte. Mais elle est également utilisée dans les desserts. Les pâtisseries deviennent merveilleusement moelleuses et dorées. Cette farine est indispensable pour la fabrication des boules de fromage brésiliennes. Ne faites donc pas d'expériences avec d'autres types de farine !

MOUSSE AU CHOCOLAT

Ingrédients

12|blancs d'oeufs
600 g d'enrobage, par exemple 400 g de chocolat nature
et 200 g de chocolat au lait, selon les goûts de chacun
cannelle, selon le goût

Préparation

Faites fondre le chocolat au bain-marie. Pendant
ce temps, battez les blancs d'oeufs en neige.
Laissez le chocolat refroidir légèrement, puis incorporez-
le aux blancs d'œufs fermes. Versez dans un grand
bol ou plusieurs petits bols et mettez au frais.

Conseil :
Il m'est arrivé à quelques reprises de faire
cailler le chocolat fondu.
caillé
lorsque j'ai ajouté du liquide. Je ferais TRÈS attention
avec du café ou autre. Dissoudre le café instantané
dans le chocolat si nécessaire.

CRÈME DE CARAMEL AU BEURRE SALÉ

Ingrédients

200 g de sucre
200 ml de crème
150 g de beurre
4 g de fleur de sel

Préparation

Faites fondre le sucre dans une large casserole pour obtenir un caramel rouge-doré. Cela prend un certain temps. Mais attention, il ne doit pas devenir trop foncé, sinon il deviendra amer.

Retirez la casserole du feu et ajoutez lentement la crème en remuant. Risque d'éclaboussures ! Portez à nouveau le mélange à ébullition et remuez jusqu'à ce que le caramel soit complètement dissous. Ajoutez maintenant le sel et le beurre, un peu à la fois. Portez à nouveau à ébullition, faites bouillir pendant environ 1 minute jusqu'à ce que le mélange bouillonne, puis versez dans un autre récipient. Un bol en métal est préférable. Le verre peut se fissurer, le plastique peut fondre car la crème est très chaude.

Une fois refroidie, versez la crème dans des bocaux. Elle se conservera un certain temps au réfrigérateur.

GÂTEAU AUX POIRES AVEC CRUMBLE ET CRÈME AIGRE

Ingrédients

Pour la base :
275 g de farine
75 g de noisettes moulues
150 g de sucre
1 sachet de sucre vanillé
1 cuillère à café de levure chimique
175 g de beurre, fondu
1 oeuf(s)
1 pincée de sel
Pour la base :
275 g de farine
75 g de noisettes moulues
150 g de sucre
1 sachet de sucre vanillé
1 cuillère à café de levure chimique
175 g de beurre, fondu
1 oeuf(s)
1 pincée de sel
Pour la base :
275 g de farine
75 g de noisettes moulues
150 g de sucre

1 sachet de sucre vanillé
1 cuillère à café de levure chimique
175 g de beurre, fondu
1 oeuf(s)
1 pincée de sel

Préparation

Préchauffez le four à 180 °C (four ventilé 160
°C). Graissez un moule à charnière.

Pour la base, mélangez la farine, les noix, le sucre, le sucre
vanillé, la levure chimique et le sel. Fouettez l'œuf.
Ajoutez l'œuf et le beurre au mélange de farine tout en
pétrissant. Pétrissez tout. La pâte aura alors la forme d'un
crumble, c'est-à-dire d'une boule. Mettez la moitié du crumble
au réfrigérateur. Répartissez l'autre moitié dans le moule
et appuyez dessus. Faites précuire la base sur le plateau du
milieu pendant 12 à 15 minutes, puis laissez refroidir.

Lavez le citron. Râpez finement le zeste. Pressez le fruit.
Mélangez les œufs, la crème fraîche, le sucre, la poudre de
pudding à la vanille, le jus de citron et le zeste. Epluchez
et évidez les poires, puis coupez-les en quartiers.

Étalez la crème sur la base. Répartissez les poires
sur le dessus. Saupoudrez avec le reste du crumble.
Faites cuire au four pendant environ 45 minutes.
Laissez refroidir et saupoudrez de sucre glace.

TARTE CRÉMEUSE AUX FRAMBOISES

Ingrédients

Pour la base de génoise :
4 œuf(s)
4 cuillères à soupe d'eau chaude
150 g de sucre
150 g de farine
1 cuillère à café bombée de levure chimique
Pour la base de la génoise :
4 œuf(s)
4 cuillères à soupe d'eau chaude
150 g de sucre
150 g de farine
1 cuillère à café bombée de levure chimique
Pour la base de la génoise :
4 œuf(s)
4 cuillères à soupe d'eau chaude
150 g de sucre
150 g de farine
1 cuillère à café bombée de levure chimique

Préparation

Pour la génoise :
Séparez les œufs. Battez en crème les jaunes d'oeufs,
le sucre et l'eau chaude, incorporez la farine et la

levure chimique. Battez les blancs d'œufs en neige
et incorporez-les aux blancs d'œufs battus.
Versez la pâte dans un moule à charnière graissé
au fond. Faites cuire dans le four préchauffé à 190
°C en haut/bas pendant 10 à 15 min.
Laissez refroidir et coupez le fond en deux.

Pour la garniture :
Décongeler les framboises surgelées, récupérer le
jus, garder 12 framboises pour la garniture. Réduire
en purée le reste des framboises,
Faites tremper la gélatine dans de l'eau froide. Fouetter
la crème jusqu'à ce qu'elle soit ferme.
Mélangez la purée de framboises, le mascarpone, le sucre
et le jus de framboise pour obtenir une crème. Essorez la
gélatine trempée et laissez-la se liquéfier dans une petite
casserole sur la cuisinière. Incorporez ensuite une partie de
la crème pour égaliser la température. Incorporez ensuite ce
mélange au reste de la crème. Lorsque le mélange commence
à se gélifier, incorporez la crème fouettée en neige.

Placez un cercle à gâteau autour de la couche inférieure
du gâteau. Versez la moitié de la crème sur le dessus,
placez l'autre base sur le dessus et étalez la crème.

Pour la garniture :
Fouettez la crème jusqu'à ce qu'elle soit bien ferme. Garnissez
le gâteau avec cette crème et décorez avec les framboises
restantes. Mettez au frais pendant au moins 1 heure.

PAVLOVA

Ingrédients

4 blancs d'oeufs
280 g de sucre
1 paquet de sucre vanillé
1 cuillère à café de vinaigre
1 cuillère à café d'amidon
2 tasses de crème fouettée
|fruits de saison, mélangés

Préparation

Les origines exactes de ce dessert populaire font l'objet d'un vif débat entre Australiens et Néo-Zélandais. Les Australiens affirment que la première pavlova a été faite lors de la visite de la célèbre danseuse étoile Anna Pavlova en Australie en 1935.

Préchauffez le four à 180 ° Celsius. Battez les blancs d'œufs dans un bol sans matière grasse jusqu'à ce qu'ils commencent à épaissir. Continuez à les battre et ajoutez lentement le sucre. Battez les blancs d'oeufs jusqu'à ce qu'ils soient fermes. Incorporez délicatement le vinaigre et la maïzena et battez à nouveau brièvement. Le mélange de meringue doit être ferme mais encore brillant. Versez le mélange de meringue sur une plaque à pâtisserie graissée et formez un cercle d'environ 3 cm de haut. Lissez la surface. Mettez la pavlova dans le four et baissez la température à 100° Celsius. Faites cuire pendant une heure, puis ouvrez la porte du four et laissez la pavlova refroidir avec la porte ouverte. Il est important que la meringue soit croustillante à l'extérieur mais reste légère et que le centre soit moelleux à l'intérieur. Si la base s'affaisse légèrement au milieu en refroidissant, ce n'est pas une mauvaise chose et cela peut être considéré comme un "cratère". Cratère pour la crème fouettée.

Peu avant de servir, fouettez la crème jusqu'à ce qu'elle soit ferme, versez-la sur le mélange de meringue refroidi et garnissez-la de fruits frais de petite taille. Pendant la saison froide, vous pouvez utiliser des fruits tropicaux du congélateur à la place des fruits frais.

BISCUITS VÉGÉTALIENS À LA BANANE

Ingrédients

210 g de farine
100 g de sucre
1 grosse banane(s)
1 sachet de sucre vanillé
½ cuillère à café|de levure chimique
1 pincée(s)|sel
2 cuillères à soupe de cacao à cuire
80 g de margarine

Préparation

Faites fondre la margarine, mais ne la laissez pas trop chauffer. En même temps, écrasez la banane du mieux que vous pouvez et mélangez-la avec le sucre et les autres ingrédients, sauf la farine, à l'aide d'un batteur à main. Dès que la margarine est liquide, vous pouvez également l'ajouter, puis ajouter la farine. Laissez ensuite la pâte refroidir au réfrigérateur pendant 20 minutes.

Préchauffez le four à 170° C.

Formez des boules d'environ 4 cm avec la pâte. Rincez-vous les mains à l'eau très froide au préalable. Placez les boules sur une plaque de cuisson recouverte de papier sulfurisé, en laissant environ 2 à 3 cm d'espace entre les biscuits. Mettez les biscuits au four pendant environ 15 minutes. En fonction de la taille des boules et de la puissance du four, le temps de cuisson peut varier.

Comme variante, vous pouvez également hacher le chocolat en morceaux de 3 - 4 mm et l'incorporer à la pâte. L'association de la banane et du chocolat est très savoureuse. Notez que le chocolat n'est pas végétalien, sauf si vous achetez du chocolat spécial végétalien. Vous pouvez également utiliser du beurre au lieu de la margarine, auquel cas les biscuits ne sont plus végétaliens.

BOULES AUX POMMES

Ingrédients

200 g de séré maigre
100 ml d'huile de colza
3 pommes de taille moyenne
1 gousse(s) de vanille, dont la moelle
300 g de farine
10 g de levure chimique
110 g de sucre

Préparation

Pelez, épépinez et coupez les pommes en morceaux.

Mélangez le fromage blanc allégé, l'huile de colza, la pulpe de vanille et le sucre. Incorporez ensuite la farine et la levure chimique à la main et ajoutez enfin les pommes. A propos, des morceaux plus grossiers rendent les boules vraiment juteuses.

Formez 6 à 9 boules et faites-les cuire au four à 180 degrés convection pendant 25 minutes.

Si vous le souhaitez, vous pouvez les rouler dans le sucre et la cannelle pendant qu'elles sont encore chaudes.

GÂTEAU AUX CERISES ET FRAMBOISES AVEC CRUMBLE DE NOIX DE COCO

Ingrédients

Pour la pâte :
225 g|de farine de blé, type 405
1 cuillère à café de levure chimique
100 g|de sucre
1 paquet de sucre vanillé
1 oeuf(s)
100 g de margarine ou de beurre
Pour la pâte :
225 g|de farine de blé, type 405
1 cuillère à café de levure chimique
100 g de sucre
1 sachet de sucre vanillé
1 oeuf(s)
100 g de margarine ou de beurre
Pour la pâte :
225 g|de farine de blé, type 405
1 cuillère à café de levure chimique
100 g de sucre
1 sachet de sucre vanillé

1 oeuf(s)
100 g de margarine ou de beurre

Préparation

Pour la pâte, mettez la farine, la levure chimique,
le sucre, le sucre vanillé et l'oeuf dans un saladier,
ajoutez la margarine ou le beurre en morceaux et
pétrissez jusqu'à obtenir une pâte lisse.

Graissez un moule à charnière de 26 et farinez légèrement
le fond. Versez la pâte pétrie et tapissez le fond du moule
à charnière. Faites un bord d'environ 3 cm de haut et
mettez le moule à charnière au réfrigérateur.

Pour le nappage, égouttez les cerises, réservez le jus et
mesurez 300 ml. Mélangez la poudre de crème pâtissière
avec 50 g de sucre et 2 cuillères à soupe de jus, portez le reste
du jus à ébullition. Incorporez la poudre de crème pâtissière
mélangée, portez à nouveau brièvement à ébullition, puis
versez dans un saladier. Ajoutez les cerises et les framboises
(ne décongelez pas les framboises congelées, incorporez-
les lorsqu'elles sont congelées). Laissez le pudding refroidir
légèrement, puis répartissez-le sur la pâte pétrie.

Faites cuire dans un four préchauffé à 200 °C
en haut/bas pendant 40 minutes.

Pour le crumble, mettez la farine, le sucre et les flocons de noix
de coco dans un saladier. Ajoutez la margarine ou le beurre froid
en morceaux et travaillez le tout pour obtenir de fines miettes.

Après 20 minutes, retirez le gâteau du four, étalez
le crumble sur le dessus, saupoudrez de sucre
glace et faites cuire encore 20 minutes.

Desserrez le bord du moule à charnière et laissez le
gâteau refroidir sur une grille à gâteau. Puis retirez-
le du fond du moule. Laissez refroidir.

Saupoudrez de sucre glace et servez avec de la crème fouettée.

Conseil : Préparez le gâteau la veille ou l'avant-veille pour qu'il puisse refroidir complètement, sinon le mélange cerises-framboises ne sera pas encore ferme.

MUFFINS POMMES-NOIX-CANNELLE

Ingrédients

2 pommes de taille moyenne
100 g de beurre
150 g de sucre
2 oeuf(s) de taille moyenne
150 g de farine
7 g de levure chimique
1 cuillère à soupe de cannelle
75 g|de noisettes moulues
75 ml|d'eau
8 g|de sucre vanillé
1 poignée de sucre en poudre
1 poignée d'amandes effilées

Préparation

Faites fondre le beurre et laissez-le refroidir. Mélangez le beurre, le sucre, les œufs, la farine, la levure chimique, la cannelle, les noisettes moulues, l'eau et le sucre vanillé dans un bol, puis ajoutez les pommes pelées et coupées en morceaux.

Versez le mélange dans les moules à muffins préparés, environ 1,5 cuillère à soupe par moule. Faites cuire dans un four préchauffé à 180°C en haut/en bas pendant environ 20 min.

Conseil : Au 3/4 du temps de cuisson, saupoudrez

les muffins de flocons d'amandes et faites-les cuire jusqu'à ce qu'ils soient cuits.

Laissez refroidir et saupoudrez de sucre glace.

Donne environ 15 muffins.

TARTE AUX POMMES AVEC GARNITURE AUX AMANDES

Ingrédients

Pour la pâte :
250 g de farine
125 g de beurre
125 g de sucre
1 paquet de sucre vanillé
1 oeuf(s)
quelques zestes de citron
1 cuillère à café de levure chimique
Pour la pâte :
250 g de farine
125 g de beurre
125 g de sucre
1 sachet de sucre vanillé
1 oeuf(s)
quelques zestes de citron
1 cuillère à café de levure chimique

Préparation

Préparez une pâte brisée avec les ingrédients pour la pâte
et mettez-la au frais pendant environ 1/2 heure. Coupez
les pommes en deux, évidez-les et coupez-les.

Versez la pâte dans un moule à charnière graissé (28 cm) et tapissez également les bords. Mettez les pommes au fond. Réchauffez le beurre, le sucre, le sucre vanillé et les amandes. Ajouter la cannelle, le lait et la farine, mélanger et répartir sur les pommes.

Faire cuire au four à 200 degrés environ pendant 50 à 60 min. Four à convection 175 degrés.

GÂTEAU AUX POMMES CRUMBLE

Ingrédients

Pour la compote :
1 ½ kg|de pommes
100 ml|de jus de citron
75 g de sucre
100 ml|d'eau
Pour la compote :
1 ½ kg|de pommes
100 ml|de jus de citron
75 g|sucre
100 ml d'eau
Pour la compote :
1 ½ kg|de pommes
100 ml|de jus de citron
75 g|sucre
100 ml d'eau
Pour la compote :
1 ½ kg|de pommes
100 ml|de jus de citron
75 g|sucre
100 ml d'eau

Préparation

Pelez, coupez en quartiers et évidez les pommes. Coupez

les quartiers en morceaux, ajoutez le jus de citron, 100 ml d'eau, 75 g de sucre et les morceaux de pommes et laissez mijoter pendant environ 15 minutes, puis laissez refroidir.

Pétrir 300 g de farine, 150 g de sucre, 1 sachet de sucre vanillé, les amandes et 175 g de matière grasse pour en faire des miettes.

Battez le reste de la graisse, le sucre vanillé et le sucre jusqu'à obtenir un mélange mousseux. Ajoutez les œufs un par un et incorporez la crème fraîche. Mélangez le reste de la farine et la levure chimique et incorporez-les au mélange. Étalez la pâte sur une plaque à pâtisserie graissée, répartissez la compote de pommes sur le dessus et saupoudrez le crumble.

Faites cuire dans un four préchauffé (four électrique 200 °C / four ventilé 175 °C / thermostat 3) pendant 35 à 40 minutes.

GÂTEAU À LA BANANE

Ingrédients

3 banane(s), mûres
120 g de margarine
120 g de sucre
1 paquet de sucre vanillé
2 oeufs
125 ml|de lait
½ cuillère à café|sel
1 cuillère à café de cannelle
100 g|de noix, hachées
125 g|de farine de blé type 405
125 g|de farine de blé complète
½ paquet de levure chimique
|margarine pour le moule

Préparation

Écraser finement les bananes épluchées à la fourchette. Crémer la margarine avec le sucre et le sucre vanillé, incorporer progressivement les œufs, la purée de bananes, le lait, le sel, la cannelle et les noix. Mélangez la farine avec la levure chimique, tamisez-la et incorporez-la délicatement à la pâte.

Versez la pâte dans le moule à pain graissé. Faites cuire au four à 170 °C, sur la deuxième grille en partant du bas, pendant 45 à 55 minutes (testez avec un bâtonnet en bois).

Ce gâteau est bon chaud (à la sortie du four) et froid.

MUFFINS AUX CERISES SAUPOUDRÉS DE NOIX DE COCO

Ingrédients

250 g de farine
2 cuillères à café de levure chimique
125 g de sucre
2 œuf(s)
1 paquet de sucre vanillé
80 g|de beurre, fondu ou de margarine
200 g|de crème fraîche ou de crème aigre
80 g|de chocolat noir, grossièrement haché
500 g|de cerises, fraîches ou en bocal
250 g de farine
2 cuillères à café de levure chimique
125 g de sucre
2 oeufs
1 sachet de sucre vanillé
80 g|de beurre, fondu ou de margarine
200 g|de crème fraîche ou de crème aigre
80 g|de chocolat noir, grossièrement haché
500 g|de cerises, fraîches ou en pot

Préparation

Placez des moules en papier dans les tasses du

moule à muffins et préchauffez le four à 200 °C en haut et en bas ou 175 °C en convection.

Dénoyautez les cerises fraîches. Bien égoutter les cerises du bocal. Tamponnez-les avec du papier absorbant si nécessaire.

Mélangez la farine avec la levure chimique.
Dans un deuxième bol, battez l'œuf avec le sucre jusqu'à ce qu'il devienne mousseux et incorporez le sucre vanillé, le beurre fondu et la crème fraîche. Incorporez le mélange de farine et ajoutez délicatement les cerises et les morceaux de chocolat hachés. Incorporez le tout rapidement.

Pour le crumble, pétrissez la farine, le sucre, la cannelle, les flocons de noix de coco et le beurre pour obtenir une pâte friable.

Versez la pâte dans les ramequins, répartissez le crumble sur les muffins et faites cuire au four pendant 25 à 30 minutes. Lorsque les muffins sont dorés, retirez-les du four, laissez-les refroidir et dégustez-les.

La quantité donne environ 16 muffins, un muffin contient environ 294 Kcal.

GÂTEAU AUX CERISES ET À LA CRÈME AIGRE

Ingrédients

Pour la pâte :
80 g de beurre
75 g de sucre
1 oeuf(s)
200 g de farine
½ cuillère à café|de levure chimique
Pour la pâte :
80 g|de beurre
75 g de sucre
1 oeuf(s)
200 g de farine
½ cuillère à café|de levure chimique
Pour la pâte :
80 g|de beurre
75 g de sucre
1 oeuf(s)
200 g de farine
½ cuillère à café|de levure chimique

Préparation

Pétrissez les ingrédients de la pâte pour obtenir une pâte brisée, pressez-la dans un moule à charnière graissé (28 cm) en soulevant un rebord.

Pour la préparation des cerises, mettez les cerises avec leur jus dans une casserole et mélangez la poudre pour crème pâtissière avec un peu de jus de cerises. Porter les cerises avec le jus à ébullition, incorporer la poudre de crème pâtissière et porter à ébullition. Transférer ensuite dans un bol et laisser refroidir. Répartissez le mélange de cerises froid sur la pâte brisée.

Pour la crème pâtissière, mélangez la crème aigre avec le sucre, l'œuf et la poudre de crème pâtissière. Battez la crème fouettée en neige et incorporez-la à la crème. Répartissez le mélange sur le mélange de cerises.

Faites cuire le gâteau dans un four préchauffé à 180 °C en haut/bas pendant environ 40 à 45 minutes.

TARTE AUX POMMES

Ingrédients

350 g|margarine
350 g de sucre
350 g de farine
2 paquets de sucre vanillé
1 paquet de levure chimique
6 oeufs
5 pommes ou prunes
à volonté|sucre à la cannelle
|Graisse pour la plaque de cuisson

Préparation

Les ingrédients sont suffisants pour une plaque à pâtisserie.

Mettez tous les ingrédients, sauf les pommes, dans
un saladier et fouettez-les avec un batteur électrique
jusqu'à ce qu'ils soient bien lisses. Graissez bien la
plaque de cuisson, étalez-y la pâte et lissez-la.

Pelez, épépinez et coupez les pommes en tranches. Disposez
les morceaux de pommes sur la pâte et saupoudrez-
les de sucre à la cannelle. Faites cuire au four à env.
175 °C en haut/en bas pendant 20 à 25 minutes.

Pour varier un peu les plaisirs, il suffit d'omettre les pommes
et de les remplacer par des prunes. C'est aussi très bon.

GÂTEAU AU FROMAGE BLANC AUX POMMES

Ingrédients

Pour la pâte :
250 g de farine
125 g de sucre
1 paquet de sucre vanillé
125 g de beurre, ou de margarine
|Graisse, pour le moule
Pour la pâte :
250 g|de farine
125 g|de sucre
1 sachet de sucre vanillé
125 g de beurre ou de margarine
|Graisse, pour le moule

Préparation

Pâte :
Mélangez la farine, sauf 2 cuillerées, le sucre et le sucre
vanilliné. Faites fondre la graisse et versez-la dessus.
Travaillez la pâte pour en faire des miettes avec les
crochets du batteur à main. Saupoudrer le reste de la
farine sur le crumble et le mélanger dans un bol.
Graissez un moule à charnière (26 cm) et pressez
fermement les deux tiers de la pâte dans le fond.
Répartissez la compote de pommes sur le fond.

Garniture :

Placez la graisse dans un bol et battez-la jusqu'à ce qu'elle soit mousseuse. Ajouter le sucre, le sucre vanillé, le jus de citron et mélanger. Ajoutez les œufs un par un et mélangez jusqu'à obtenir une consistance crémeuse. Incorporer le séré et la poudre de crème pâtissière.

Répartissez le mélange de séré à la vanille sur la compote de pommes et saupoudrez le reste du mélange de crumble sur le bord. Faites cuire le gâteau dans un four préchauffé (thermostat 3, four électrique : chaleur supérieure/inférieure 200° C) pendant 45 à 50 minutes.

Laissez le gâteau aux pommes et au fromage blanc refroidir légèrement et démoulez-le. Après refroidissement, saupoudrez de sucre glace. Servez avec de la crème fouettée si vous le souhaitez.

GÂTEAU AU FROMAGE À LA MANDARINE

Ingrédients

Pour la pâte :
375 g|de farine
3 cuillères à café de levure chimique
100 g de margarine
2 oeufs
200 g de sucre
Pour la pâte :
375 g|de farine
3 cuillères à café de levure chimique
100 g de margarine
2 oeufs
200 g de sucre
Pour la pâte :
375 g|de farine
3 cuillères à café de levure chimique
100 g de margarine
2 oeufs
200 g de sucre

Préparation

Pour la pâte, mélangez les ingrédients jusqu'à obtenir une pâte malaxée. Laissez reposer au réfrigérateur pendant 20 minutes, puis étalez-la sur une plaque à pâtisserie recouverte de papier sulfurisé en l'empilant en forme de coin sur le bord.

Pour la garniture, égouttez bien les mandarines dans une passoire, en réservant le jus pour le glaçage.

Battez 4 œufs et le sucre jusqu'à ce qu'ils soient mousseux, puis incorporez la poudre de sauce vanille, l'huile, le séré maigre et le lait à l'aide d'un batteur. Passez les mandarines au tamis, en réservant le jus. Incorporez les mandarines au mélange de fromage blanc à l'aide d'une cuillère. Répartissez sur la base abaissée et faites cuire dans un four préchauffé à 200 °C en haut/bas pendant 30 à 40 minutes.

Laissez le gâteau refroidir.

Pour le glaçage, remplissez le jus de mandarine d'eau jusqu'à la quantité requise, si nécessaire, et faites bouillir le glaçage du gâteau selon les instructions de l'emballage et étalez-le sur le cheesecake refroidi.

* Si vous utilisez du fromage blanc à 40 % de matières grasses, 100 ml d'huile de tournesol suffisent.

GÂTEAU AUX CERISES JUTEUSES AVEC DES CRUMBLES

Ingrédients

Pour la base :
200 g de farine
80 g de sucre
1 pincée(s) de sel
100 g de beurre
1 oeuf(s)
Pour la base :
200 g de farine
80 g de sucre
1 pincée de sel
100 g de beurre
1 oeuf(s)
Pour la base :
200 g de farine
80 g de sucre
1 pincée de sel
100 g de beurre
1 oeuf(s)

Préparation

Mélangez les ingrédients de la base pour obtenir

une pâte malaxée et placez-la dans un moule
bien graissé en soulevant les bords.

Passez les cerises acides au tamis, en réservant le jus.
Répartissez les cerises sur la base. Préparez un pudding
avec un peu moins d'un demi-litre de jus de cerises et la
poudre pour pudding en suivant les instructions figurant
sur le paquet. Utilisez le jus de cerises à la place du lait
indiqué dans les instructions. Il n'est pas nécessaire
d'ajouter du sucre, car le jus de cerises est déjà sucré.
Répartissez le pudding aux cerises sur les cerises.

Pour le crumble, mettez le sucre, la farine et la cannelle
dans un bol. Faites fondre le beurre dans une casserole.
Ajoutez-le ensuite au bol et travaillez le tout pour
obtenir des miettes à l'aide de deux fourchettes.
Répartissez le crumble sur le mélange de cerises.

Faites cuire au four à 175 degrés pendant un peu moins d'une
heure. Lorsqu'il est complètement froid, le démouler.

GÂTEAU AUX MANDARINES AVEC CRUMBLE À LA NOIX DE COCO

Ingrédients

Pour la pâte :
200 g de margarine ou de beurre
175 g de sucre
1 sachet de sucre vanillé
2 oeufs
375 g de farine
½ paquet|de levure chimique
selon goût|laiton
|Graisse pour la plaque à pâtisserie
Pour la pâte :
200 g|margarine, ou beurre
175 g de sucre
1 sachet de sucre vanillé
2 oeufs
375 g de farine
½ paquet|de levure chimique
selon goût|laiton
|Graisse pour la plaque à pâtisserie
Pour la pâte :

200 g|margarine, ou beurre
175 g de sucre
1 sachet de sucre vanillé
2 oeufs
375 g de farine
½ paquet|de levure chimique
selon goût|laiton
|Graisse, pour la plaque de cuisson

Préparation

Il est préférable de commencer par la garniture : Faites cuire un pudding à partir de lait, de sucre et de poudre à pudding selon les instructions figurant sur le paquet. Laissez refroidir légèrement, puis incorporez la crème fraîche.

Egouttez bien les mandarines dans une passoire.

Pour la pâte, mélangez en crème la margarine ou le beurre, le sucre et le sucre vanillé. Incorporez les œufs un par un. Mélangez la farine et la levure chimique et incorporez-les. Si nécessaire, ajoutez le lait petit à petit pour que la pâte s'étale bien sur la plaque. Étalez la pâte sur la plaque graissée, disposez les mandarines sur le dessus et étalez la crème pâtissière à la crème aigre sur le dessus.

Pétrissez les ingrédients pour le crumble et étalez le crumble sur le mélange de crème aigre.

Faites cuire le gâteau dans un four préchauffé à 180 °C en haut/bas pendant environ 30-40 minutes.

GÂTEAU AUX POMMES FRUITÉ

Ingrédients

Pour la pâte brisée :
170 g|de farine
70 g|d'amande(s), moulue(s)
1 cuillère à café de levure chimique
1 pincée de sel
70 g de sucre
1 sachet de sucre vanillé
120 g de beurre
1 oeuf(s)
1 kg de pommes
130 g de sucre
1 cuillère à soupe de jus de citron
2 paquets de pudding à la vanille en poudre
1 cuillère à café de cannelle
200 ml|d'eau
500 ml|de jus d'orange, non sucré
3 cuillères à soupe d'amande(s) tranchée(s), pour saupoudrer

Préparation

Pour la pâte brisée, mélangez bien la farine, les amandes moulues, la levure chimique et une pincée de sel.
Ajoutez le sucre, le sucre vanillé, l'œuf et le beurre coupé en petits morceaux et pétrissez à la main pour

obtenir une pâte brisée lisse, pas très ferme. Enveloppez la pâte dans du film alimentaire et laissez-la reposer au réfrigérateur pendant un certain temps.

Pour la crème, épluchez les pommes, mettez environ 350 g de côté.

Coupez le reste des pommes, environ 650 g, en fines tranches ou en quartiers et mettez-les dans une casserole un peu plus grande. Ajoutez 200 ml d'eau et 1 cuillère à soupe de jus de citron et portez les pommes à ébullition dans l'eau. Passez les pommes au tamis et récupérez le liquide de cuisson. Remettez le liquide dans la casserole et ajoutez 500 ml de jus d'orange.

Mettez la poudre de crème pâtissière dans un bol, mélangez-la bien avec le sucre et la cannelle et remuez bien avec quelques cuillères à soupe du liquide de la casserole.

Portez le liquide de la casserole à ébullition, retirez la casserole du feu et incorporez la crème pâtissière mélangée en fouettant. Incorporez la poudre de crème pâtissière mélangée en fouettant. Remettez la casserole sur le feu et faites cuire, en remuant constamment, jusqu'à obtention d'une pâte très épaisse. Mettez la casserole sur le côté et incorporez les tranches de pommes précuites dans la crème anglaise.

Graissez un moule à charnière de 26 et saupoudrez le fond et les côtés d'une fine couche de farine. Pressez la pâte brisée froide dans le moule avec vos mains, en utilisant vos doigts pour faire remonter la pâte d'environ 2 cm sur les côtés du moule.

Pendant ce temps, répartissez uniformément le mélange crème pâtissière-pommes légèrement refroidi sur la pâte. Coupez les pommes épluchées restantes en fines tranches ou en quartiers et placez-les les unes à côté des autres - pas en éventail - sur le dessus et saupoudrez l'ensemble du gâteau avec les amandes effilées.

Faites cuire le gâteau immédiatement dans le four préchauffé à 200 degrés en haut/bas pendant 20 minutes d'abord. Réduisez ensuite la température du four à 180 degrés et faites cuire le gâteau pendant 45 minutes supplémentaires. Si la surface du gâteau est trop brune, couvrez-le de papier d'aluminium pendant les 15 dernières minutes.

Placez le gâteau cuit sur une grille à gâteau et laissez-le refroidir jusqu'au lendemain. Ce n'est qu'à ce moment-là que vous pourrez détacher délicatement le bord du moule à ressort à l'aide d'un couteau, l'ouvrir et le retirer.

Ce gâteau aux pommes fruité est particulièrement bon avec un peu de crème fouettée.

FEMME PARESSEUSE - GÂTEAU

Ingrédients

Pour la pâte :
200 g|de farine
75 g de sucre
1 oeuf(s)
75 g de margarine
1 cuillère à café de levure chimique
Pour la pâte :
200 g de farine
75 g de sucre
1 oeuf(s)
75 g de margarine
1 cuillère à café de levure chimique
Pour la pâte :
200 g de farine
75 g de sucre
1 oeuf(s)
75 g de margarine
1 cuillère à café de levure chimique

Préparation

Préparez une pâte brisée avec les ingrédients de la pâte et mettez-la au réfrigérateur pendant environ 45 minutes.

Pour le nappage, mélangez le séré, les œufs et le sucre

à la main dans le bol du robot. Mélangez la poudre de crème pâtissière, l'huile et la crème fraîche et incorporez-les au mélange de fromage blanc.

Après le temps de repos, étalez la pâte brisée et tapissez-en un moule à charnière graissé de 26. Versez le mélange de séré sur le dessus - le mélange est très liquide lorsque vous le versez, mais il se raffermira plus tard pendant la cuisson - et répartissez les mandarines sur le dessus.

Faites cuire au four à 180 °C pendant environ 50 minutes.

Laissez le gâteau refroidir et recouvrez-le d'un glaçage pour gâteau.

CERISE - CRÈME AIGRE - GÂTEAU EN FEUILLE

Ingrédients

Pour la base :
250 g de beurre
200 g de farine
200 g de sucre
4 œuf(s)
2 cuillères à café de levure chimique
2 paquets de sucre vanillé
Pour la base :
250 g de beurre
200 g de farine
200 g de sucre
4 œuf(s)
2 cuillères à café de levure chimique
2 paquets de sucre vanillé
Pour la base :
250 g de beurre
200 g de farine
200 g de sucre
4 œuf(s)
2 cuillères à café de levure chimique
2 paquets de sucre vanillé

Préparation

Mélangez les ingrédients de la base et étalez la pâte sur une plaque de cuisson recouverte de papier sulfurisé. Faites cuire au four à 180 °C en haut et en bas pendant 15 à 20 minutes.

Préparez un pudding avec les 625 ml de lait (attention : n'utilisez pas la quantité de lait indiquée sur l'étiquette du paquet !) et les 2 paquets de poudre pour pudding selon les instructions du paquet (avec le sucre, voir le paquet). Remuez beaucoup lorsque la poudre pour pudding est ajoutée au lait, elle épaissit immédiatement. Laissez refroidir un peu, mais pas trop longtemps, sinon il y aura des grumeaux dans le mélange. Incorporer la crème aigre et le jaune d'œuf et répartir sur la base. Répartissez les cerises acides (gardez le jus !) sur le mélange et faites cuire à nouveau à 180 °C en haut et en bas pendant 15 à 20 minutes.

Laissez le gâteau refroidir.

Préparez le glaçage avec le jus de cerises et le glaçage pour gâteau (selon les instructions du paquet) et étalez-le sur le gâteau.

Si possible, faites-le cuire un jour avant de le consommer. Ce gâteau est très moelleux et délicieux, j'espère qu'il vous plaira.

POMME - MASSEPAIN - MUFFINS

Ingrédients

1 petite pomme
150 g de farine
½ cuillère à café|de levure chimique
50 g d'amandes, hachées
2 œuf(s)
120 g de sucre
½ paquet de sucre vanillé
120 g de beurre ou de margarine
6 cuillères à soupe de lait
1 pincée(s) de sel
100 g de pâte d'amandes
|graisse, pour le moule

Préparation

Graissez le moule à muffins, mettez-le au réfrigérateur. Préchauffez le four à 200°C (four à chaleur tournante 180°C, thermostat 3-4).

Lavez, pelez et épépinez la pomme, hachez la chair. Tamisez la farine et la levure chimique. Mélanger avec les amandes et les morceaux de pomme. Battre les œufs jusqu'à ce qu'ils soient mousseux. Mélanger avec le sucre, le sucre vanillé, la matière grasse, le lait et le sel jusqu'à obtenir un mélange homogène. Émiettez la pâte d'amandes et incorporez-la. Incorporez le mélange de farine.

Versez la pâte dans le moule. Faites cuire les muffins pendant 15-20 minutes.

Cela donne 12 muffins.

TARTE FINE AUX POMMES ET AUX POIRES AVEC UNE CRÈME AU YAOURT ET UN CRUMBLE AU BEURRE ET AUX AMANDES

Ingrédients

2 pommes
2 poire(s)
1 citron
3 oeufs
200 g de sucre
1 cuillère à soupe de sucre vanillé
1 pincée(s)|sel
300 g de yaourt à la grecque
250 g|de fromage blanc, 20 % de matières grasses
1 paquet|de poudre de pudding à la vanille pour la cuisson
100 g de beurre
150 g de farine

50 g d'amandes effilées
éventuellement|sucre en poudre pour saupoudrer

Préparation

Préchauffez le four à 175 °C (four ventilé). Pelez, coupez en quatre et évidez les pommes et les poires, puis coupez-les en petits dés. Pressez le citron et arrosez les fruits de son jus.

Séparez les œufs, battez les blancs en neige avec le sucre vanillé et le sel. Mélangez les jaunes d'oeufs avec 120 g de sucre, le yaourt, le séré et la poudre à tartiner. Incorporez les blancs d'œufs. Tapissez un moule à charnière (26 cm) de papier sulfurisé. Versez le mélange de séré.

Faites fondre le beurre, pétrissez-le avec la farine tamisée, les 80 g de sucre restants et les amandes effilées jusqu'à obtenir un mélange friable. Répartissez les fruits et le crumble sur le mélange de fromage blanc.

Faites cuire le gâteau au milieu du four pendant environ 50 à 60 minutes. Laissez refroidir dans le moule. Saupoudrez de sucre glace si nécessaire.

GÂTEAU AUX CERISES

Ingrédients

Pour la pâte brisée :
200 g de farine
1 pincée de levure chimique
100 g de sucre
100 g de margarine
1 oeuf(s)
Pour la pâte brisée :
200 g de farine
1 pincée de levure chimique
100 g de sucre
100 g de margarine
1 oeuf(s)
Pour la pâte brisée :
200 g de farine
1 pincée de levure chimique
100 g de sucre
100 g de margarine
1 oeuf(s)

Préparation

Pour la pâte brisée, pétrir 200 g de farine, la levure chimique, 100 g de sucre, 100 g de margarine et l'oeuf. Pressez la pâte dans un moule à charnière (26-28 cm).

Égouttez les cerises, récupérez le jus et mesurez 1/4 de litre. Mélangez 4 cuillères à soupe de jus avec 2 cuillères à soupe de sucre et la poudre à crème pâtissière. Portez le reste du jus à ébullition, incorporez la poudre de crème pâtissière, portez à nouveau à ébullition et incorporez les cerises. Répartissez la compote sur le fond de tarte.

Pétrir 100 g de farine, 100 g de sucre, 100 g de margarine, les amandes et la cannelle pour en faire des miettes et les répartir sur la compote de cerises.

Faites cuire dans le four préchauffé à 175 °C pendant environ 50 à 60 minutes.

GÂTEAU AUX POMMES ET AU FROMAGE AVEC DES CRUMBLES

Ingrédients

Pour la pâte brisée :
100 g|Sucre
200 g de beurre, froid
300 g de farine
1 oeuf(s)
Pour la pâte brisée :
100 g|sucre
200 g de beurre froid
300 g de farine
1 œuf(s)
Pour la pâte brisée :
100 g|sucre
200 g de beurre froid
300 g de farine
1 oeuf(s)

Préparation

Pétrissez rapidement les ingrédients de la pâte brisée, enveloppez-les dans du film alimentaire et mettez-les au réfrigérateur pendant 1/2 heure.

Pour le crumble, mettez le beurre, le sucre et la

farine dans un bol et mélangez avec un crochet à pâte jusqu'à ce que des crumbles se forment. Réfrigérez le crumble jusqu'à ce que vous en ayez besoin.

Pour la garniture, crémer le beurre avec le sucre et le sucre vanillé jusqu'à ce qu'il soit mou. Ajoutez les œufs. Ajoutez le fromage blanc, le jus d'un demi-citron et la farine. Pressez la pâte dans un moule à charnière de 26 cm de diamètre. Versez le mélange de séré sur le dessus et saupoudrez les morceaux de pomme. Pressez légèrement les morceaux de pomme dans le mélange de fromage blanc. Saupoudrez le crumble sur le dessus du gâteau.

Préchauffez le four à 170 °C et faites cuire le gâteau pendant environ 60 minutes.

CHEESECAKE AUX BAIES

Ingrédients

Pour la base :
100 g de beurre
175 g|Biscuit(s), (biscuits au beurre)
Pour la base :
100 g de beurre
175 g|Biscuit(s), (biscuits au beurre)

Préparation

Pour la base, placez les biscuits au beurre dans un sac de congélation et émiettez-les finement avec un rouleau à pâtisserie. Faites fondre le beurre dans une poêle, ajoutez les miettes de biscuits et mélangez bien.

Tapisser un moule à charnière (30 cm) de papier sulfurisé, y verser la pâte à biscuits, l'étaler uniformément et bien la presser.

Battez les blancs d'œufs avec 60 g de sucre jusqu'à ce qu'ils soient fermes. Battre en crème les jaunes d'œufs avec le reste du sucre et le sucre vanillé. Incorporer le mascarpone, le fromage blanc, la maïzena, le zeste de citron et le jus de citron. Incorporez délicatement le blanc d'œuf battu.

Répartissez la moitié de la crème sur le fond de biscuit et lissez-la. Répartir la moitié des baies sur le dessus (congelées - ne pas décongeler les baies à l'avance), répartir le reste de la crème uniformément sur le dessus. Répartir uniformément le reste des baies sur le dessus.

Faites cuire dans un four préchauffé à 160 °C en haut/en bas (ou 140 °C à air chaud) pendant 45 à 50 minutes.

Une fois le gâteau refroidi, décorez-le en bandes avec la gelée de groseilles, que vous aurez légèrement réchauffée (pour qu'elle devienne liquide).

BROWNIES TRIPLE CHOCOLAT- FRAMBOISES- FONDANT

Ingrédients

125 g de beurre
225 g de chocolat noir
75 g de chocolat au lait entier
4 oeufs
200 g de sucre
1 pincée(s) de sel
100 g de farine
50 g de chocolat blanc
200 g de framboises

Préparation

Faites fondre le beurre, le chocolat noir et le chocolat au lait ensemble dans une casserole, en remuant jusqu'à ce qu'ils soient fondus, puis laissez refroidir légèrement.

Battez les œufs, le sucre et le sel avec un batteur pendant environ deux minutes, puis incorporez le mélange de chocolat refroidi. Enfin, incorporez brièvement la farine et le chocolat blanc grossièrement haché.

Versez la pâte à brownie dans un moule de 23 x 23 cm graissé ou recouvert de papier sulfurisé, répartissez uniformément les framboises sur la pâte et appuyez légèrement dessus.

Faites cuire les brownies pendant environ 25 minutes à 175 °C en haut/bas pour qu'ils restent bien moelleux à l'intérieur.

GÂTEAU AUX CERISES AVEC GARNITURE DE CRÈME AIGRE

Ingrédients

250 g de farine
125 g de beurre froid
125 g de sucre
1 oeuf(s)
1 paquet de sucre vanillé
½ paquet|de poudre à pâte
1 pot de cerises acides dénoyautées
2 paquets de poudre pour crème pâtissière à la vanille
3 oeuf(s)
90 g de sucre
2 tasses de crème fraîche

Préparation

Coupez le beurre en petits morceaux. Mélangez la farine, la levure chimique, le sucre et le sucre vanillé. Pétrissez rapidement avec 1 œuf et les morceaux de beurre pour former une pâte brisée et mettez au frais pendant une demi-heure.

Graissez un moule à charnière (diamètre 28-30 cm). Etalez la pâte refroidie et disposez-la dans le moule à charnière, en formant un bord d'environ 3 cm de haut.

Égouttez les cerises et recueillez le jus. Remplissez le jus recueilli jusqu'à 1/2 litre d'eau froide. Portez à ébullition environ 400 ml du mélange eau-jus de fruits. Ajoutez la poudre de crème pâtissière au reste du mélange de jus et dissolvez-la, puis ajoutez-la au liquide bouillant. Ajoutez les cerises et portez à ébullition jusqu'à ce que la crème pâtissière prenne. Répartissez le mélange de cerises chaud sur la pâte brisée.

Faites cuire au four à 180 °C en haut/bas pendant environ 30 min. sur l'étagère du milieu.

Entre-temps, séparez les 3 œufs. Battez les jaunes d'œufs avec 90 g de sucre jusqu'à ce qu'ils soient mousseux. Battez les blancs d'œufs en neige. Incorporez la crème acidulée au mélange d'oeufs et incorporez délicatement les blancs d'oeufs. Veillez à ce que les blancs d'œufs soient complètement incorporés, sinon le gâteau aura des taches sombres là où les blancs d'œufs sont encore visibles. Versez le mélange de crème aigre sur le gâteau précuit et faites cuire pendant 30 minutes supplémentaires.

Laissez le gâteau refroidir dans le moule, de préférence toute la nuit !

GÂTEAU AUX FRAMBOISES ET AUX NOIX

Ingrédients

6 œuf(s) de taille moyenne, séparés
150 g de sucre
300 g de noisettes moulues
½ paquet de levure chimique, sans gluten
200 g de fromage frais
600 g de framboises surgelées
100 g|sucre
750 ml|Jus de pomme, clair
3 paquets|de glaçage pour gâteaux, rouge
|graisse pour le moule

Préparation

Séparez les jaunes d'œufs et les blancs d'œufs dans deux bols. Battez les jaunes d'oeufs avec 150 g de sucre jusqu'à ce qu'ils deviennent mousseux, puis incorporez les noisettes avec la levure chimique.

Montez les blancs d'oeufs en neige et incorporez-les au mélange de noisettes. Versez le tout dans un moule à charnière graissé (diamètre d'environ 26 cm) et faites cuire au four à convection à 200° pendant 30 minutes. Pendant les cinq dernières minutes, placez le fromage frais dans le four pour le rendre tartinable.

Une fois le temps de cuisson écoulé, retirez la base levée du four, décollez soigneusement les parois du moule à charnière et étalez le fromage frais uniformément sur le dessus du gâteau à l'aide d'un couteau large. Vous pouvez ensuite saupoudrer les framboises congelées, de cette façon elles ne se désagrégeront pas à l'étape suivante.

Mélangez le glaçage du gâteau avec un demi-verre de jus de pomme et 100 g de sucre et portez à ébullition avec le jus de pomme restant. Replacez le moule à charnière autour du gâteau comme bordure latérale et répandez généreusement le glaçage à gâteau liquide sur le gâteau aux fruits. Au bout d'une demi-heure, séparez le gâteau refroidi du moule à charnière à l'aide d'un couteau et démoulez-le.

GÂTEAU AU PARADIS AVEC FRAMBOISES

Ingrédients

4|œufs, séparés
100 g de beurre
300 g de sucre
2 cuillères à soupe de lait
125 g de farine
½ paquet|de levure chimique
2 cuillères à café de sucre vanillé
60 g d'amandes effilées
400 g de crème
1 paquet de framboises congelées

Préparation

Battre en crème 100 g de sucre avec le jaune d'œuf, le beurre et le lait jusqu'à ce que le mélange soit TRÈS mousseux. Mélangez la farine avec la levure chimique et incorporez le tout.

Divisez la pâte en 2 portions et répartissez-la dans 2 moules à charnière - recouverts de papier sulfurisé - de 26 cm de diamètre.

Battre les blancs d'œufs avec le reste du sucre et le sucre vanillé jusqu'à ce qu'ils soient fermes. Répartissez les blancs d'œufs battus sur les deux fonds et faites des vagues avec une cuillère à soupe. Saupoudrez d'amandes effilées et faites cuire au four à 200 °C en haut/bas sur l'étagère du milieu pendant 25 - 30 minutes.

Fouettez la crème jusqu'à ce qu'elle soit ferme, étalez-en une partie sur l'une des bases, placez les framboises dessus et étalez le reste de la crème sur le dessus. Coupez le dessus en 12 morceaux et placez-les sur le dessus.

Ce gâteau est également délicieux avec des groseilles à maquereau, des groseilles ou des mandarines.

GÂTEAU AUX POMMES ET AU FROMAGE

Ingrédients

Pour la pâte :
250 g|de farine
150 g de sucre
2 paquets de sucre vanillé
1 pincée(s) de sel
100 g|de noisettes, hachées
175 g de beurre mou
|sucre glace
Pour la pâte :
250 g de farine
150 g de sucre
2 paquets de sucre vanillé
1 pincée(s) de sel
100 g|de noisettes, hachées
175 g de beurre mou
|sucre glace
Pour la pâte :
250 g de farine
150 g de sucre
2 paquets de sucre vanillé
1 pincée(s) de sel
100 g|de noisettes, hachées
175 g de beurre mou
|sucre glace

Pour la pâte :
250 g de farine
150 g de sucre
2 paquets de sucre vanillé
1 pincée(s) de sel
100 g|de noisettes, hachées
175 g de beurre mou
|sucre glace

Préparation

Graisser un moule à charnière (26 cm).

Pâte :
Mélangez la farine, le sucre, le sucre vanillé, le sel, les noix et le beurre avec le crochet à pâte du batteur à main pour obtenir des miettes. Versez 2/3 du mélange dans le moule et pressez le fond. Saupoudrez la base de chapelure. Mettez au frais la base et le reste du crumble pendant environ 20 minutes.

Garniture :
Épluchez les pommes, coupez-les en quatre et retirez le cœur. Coupez à nouveau les quartiers en deux. Arrosez-les de jus de citron pour éviter qu'elles ne brunissent.

Crème au fromage blanc :
Battre les œufs, le sucre et le sucre vanillé jusqu'à ce qu'ils soient crémeux. Incorporer brièvement le séré, le mascarpone, la semoule et la farine.

Répartissez uniformément les pommes sur la base de crumble. Répartir le mélange de séré sur les pommes, émietter le reste du crumble à la main et le répartir sur le mélange de séré.

Faites cuire dans le four préchauffé à 150 - 175 ° pendant environ 1 heure 1/4, puis retirez le gâteau du moule à charnière et laissez-le refroidir dans le moule. Saupoudrer ensuite de sucre glace.

GÂTEAU CRUMBLE AU CHOCOLAT, FOURRÉ AU QUARK ET AUX CERISES

Ingrédients

Pour la pâte : (base et crumble)
300 g de farine
150 g de beurre
150 g de sucre
30 g de cacao en poudre
1 gros oeuf(s)
½ paquet|de levure chimique
Pour la pâte : (base et crumble)
300 g de farine
150 g de beurre
150 g de sucre
30 g de cacao en poudre
1 gros oeuf(s)
½ paquet de poudre à lever

Préparation

Battez ensemble en crème le beurre, l'œuf et le sucre.
Mélangez la farine avec la levure chimique et le cacao en
poudre et ajoutez. Mélangez à l'aide d'un batteur à main

pour former des miettes moelleuses. Pressez ensuite 2/3 de la pâte comme base dans un moule à charnière graissé (26 cm) et formez un bord d'environ 4 cm de haut.

Battre les œufs avec le sucre, le sucre vanillé, une pincée de sel et le jus de citron jusqu'à ce qu'ils deviennent mousseux. Incorporez la poudre de crème pâtissière et le séré. Incorporez les cerises et la moitié des éclats de chocolat au mélange de fromage blanc. Versez sur la base. Répartissez le reste de la pâte sous forme de crumble sur le mélange de fromage blanc. Répartissez le reste des éclats de chocolat sur le dessus. Faites cuire au four à 175 °C pendant environ 50 minutes. Laissez refroidir dans le moule après la cuisson.

AMOUR CHAUD - CHEESECAKE

Ingrédients

Pour la pâte :
125 g de beurre
50 g de sucre
200 g de farine
2 cuillères à soupe d'eau
Pour la pâte :
125 g|de beurre
50 g de sucre
200 g de farine
2 cuillères à soupe d'eau
Pour la pâte :
125 g|de beurre
50 g de sucre
200 g de farine
2 cuillères à soupe d'eau

Préparation

Graissez et mettez au frais un moule à charnière de 26 cm.

Préparez la pâte brisée et tapissez-en le moule pour former un rebord d'environ 3,5 cm de haut. Mettez au frais pendant au moins 30 minutes.

Pendant ce temps, faites décongeler les framboises

dans une passoire.

Préchauffez le four à 180 °C en haut/bas.

Battez les œufs avec le sucre jusqu'à ce qu'ils soient épais et crémeux, puis incorporez le séré, la crème pâtissière et la poudre pour crème pâtissière. Répartissez la confiture sur le fond de la pâte préparée, versez le mélange de fromage blanc par-dessus, lissez-le et répartissez les framboises sur le dessus. Faites cuire dans le four préchauffé dans le tiers inférieur du four pendant environ 1 heure. Laissez refroidir complètement dans le moule sur une grille de refroidissement.

Pour le nappage, faites fondre le chocolat et mélangez-le avec le fromage blanc. Battez la crème en chantilly et incorporez-la. Retirez le gâteau du moule et étalez la crème. Conservez au réfrigérateur !

Par portion 300 Kcal

GÂTEAU AU CHOCOLAT ET AUX CERISES SANS FARINE NI SUCRE

Ingrédients

7 œuf(s)
10 g|Stevia ou autre substitut de sucre,
pour remplacer 100 g de sucre
200 g de chocolat noir
1 pot de cerises aigres
1 paquet de poudre de crème pâtissière à la vanille
1 pincée(s) de sel

Préparation

Séparez les œufs, battez les blancs d'œufs avec un peu de sel jusqu'à ce qu'ils soient bien fermes. Faites fondre le chocolat, laissez-le refroidir légèrement. Mélangez les jaunes d'œufs avec le substitut de sucre. Incorporez le chocolat et incorporez les blancs d'œufs battus.

Faites cuire au four à 150 degrés convection pendant environ une heure. La pâte lève beaucoup et s'affaisse après refroidissement.

Versez les cerises avec le jus dans une casserole et portez

à ébullition. Mélangez un peu de jus avec la poudre pour crème anglaise et versez-le dans les cerises. Mélangez bien le tout. Répartissez les cerises sur la base refroidie.

Placer au réfrigérateur pendant environ 1 heure.

GÂTEAU FORÊT NOIRE SUR UNE PLAQUE DE CUISSON

Ingrédients

Pour la pâte :
5 œuf(s), séparés
250 g de sucre
1 sachet de sucre vanillé
5 cuillères à soupe d'eau chaude
200 g de farine
1 sachet de levure chimique
50 g de poudre de cacao
Pour la pâte :
5|œuf(s), séparés
250 g de sucre
1 sachet de sucre vanillé
5 cuillères à soupe d'eau chaude
200 g de farine
1 sachet de levure chimique
50 g de poudre de cacao
Pour la pâte :
5|œuf(s), séparés
250 g de sucre
1 sachet de sucre vanillé
5 cuillères à soupe d'eau chaude
200 g de farine

1 sachet de levure chimique
50 g|de poudre de cacao

Préparation

Battre les blancs d'oeufs avec le sucre, le sucre vanillé et l'eau jusqu'à ce qu'ils soient fermes. Ajoutez les jaunes d'oeufs et incorporez-les. Mélangez la farine, la levure et le cacao, tamisez sur le mélange d'oeufs et incorporez soigneusement. Versez sur une plaque de cuisson avec du papier sulfurisé. Faites cuire pendant 15 minutes à 180 degrés. Démoulez et retirez le papier sulfurisé.

Egouttez les cerises, en réservant le jus. Faites bouillir 1/2 litre de jus avec 2 sachets de poudre pour crème pâtissière en suivant les instructions du paquet. Incorporez les cerises et l'eau-de-vie de cerise. Répartissez sur la base. Laissez refroidir.

Fouettez la crème avec un batteur à crème, ajoutez le sucre glace ou le sucre vanillé (vous pouvez également omettre le sucre) et étalez sur le gâteau. Saupoudrez les pépites de chocolat sur le dessus. Si vous le souhaitez, garnissez chaque morceau d'une rosace de crème et d'une cerise.

GÂTEAU PHILADELPHIA AUX MYRTILLES

Ingrédients

Pour la base du gâteau éponge :
3 œufs, séparer et battre les blancs d'œuf en neige.
70 g de sucre
1 sucre vanillé
3 cuillères à soupe d'eau tiède
50 g de farine, tamisée
50 g de fécule, tamisée
1 cuillère à café de levure chimique
Pour la base de la génoise :
3|œufs, séparer et battre les blancs d'œufs en neige.
70 g de sucre
1 sucre vanillé
3 cuillères à soupe d'eau tiède
50 g de farine, tamisée
50 g de fécule, tamisée
1 cuillère à café de levure chimique

Préparation

Battez les blancs d'oeufs en neige.
Battez les jaunes d'oeufs, l'eau, le sucre vanillé et le sucre
au batteur jusqu'à ce qu'ils soient mousseux. Ajoutez

ensuite la farine, la maïzena et la levure chimique et mélangez jusqu'à obtenir un mélange homogène. Incorporez délicatement les blancs d'oeufs. Versez la pâte dans un moule à charnière graissé et tapissé de papier sulfurisé et faites cuire à 200°C (préchauffé) pendant environ 20 minutes. Laissez ensuite refroidir et placez un cercle à gâteau autour.

Fouettez la crème jusqu'à ce qu'elle soit bien ferme. Mélangez le Philadelphia avec le sucre glace jusqu'à ce que le mélange soit lisse et incorporez-le à la crème. Répartissez ce mélange sur la base.

Pendant ce temps, faites bouillir les myrtilles avec leur jus et 2 cuillères à soupe de maïzena et étalez-les sur le mélange de Philadelphia après qu'il ait légèrement refroidi.

Mettez le gâteau au réfrigérateur pendant environ 3 heures.

GÂTEAU DU PETIT CHAPERON ROUGE

Ingrédients

Pour la pâte :
100 g de beurre
150 g de sucre
3 oeufs
200 g de farine
1 pqt de levure chimique
2 cuillères à soupe de Nutella ou de cacao en poudre
Pour la pâte :
100 g|de beurre
150 g de sucre
3 oeufs
200 g de farine
1 pqt de levure chimique
2 cuillères à soupe de Nutella ou de cacao en poudre

Préparation

Pour la base, mélangez les ingrédients, sauf le Nutella.
Divisez la pâte en deux et versez une moitié dans un
moule à charnière, incorporez 2 cuillères à soupe de
Nutella ou de cacao dans la seconde moitié. Versez la pâte
foncée dans le moule. Égouttez 1 pot de cerises acides,
en réservant le jus. Répartissez les cerises sur la pâte.

Faites cuire au four pendant 40 - 50

minutes à 180 °C en haut/bas.

Pour le nappage, bien fouetter la crème et le raidisseur de crème, mélanger le séré, le sucre et le raidisseur de crème et incorporer la crème. Placez un cercle à gâteau autour du gâteau refroidi et étalez le mélange de séré sur le dessus. Laissez refroidir pendant 2 à 4 heures. Ensuite, épaississez 1/4 l de jus de cerise avec le glaçage pour gâteau et étalez sur le gâteau.

TARTE AUX POMMES À LA CRÈME AIGRE

Ingrédients

Pour la pâte :
125 g|margarine
125 g de sucre
200 g de farine
1 cuillère à café de levure chimique
1 oeuf(s)
1 paquet de sucre vanillé
|Graisse pour le moule
Pour la pâte :
125 g de margarine
125 g de sucre
200 g de farine
1 cuillère à café de levure chimique
1 oeuf(s)
1 paquet de sucre vanillé
|Graisse pour le moule
Pour la pâte :
125 g de margarine
125 g de sucre
200 g de farine
1 cuillère à café de levure chimique
1 oeuf(s)
1 paquet de sucre vanillé
|Graisse pour le moule

Préparation

Mélangez 125 g de margarine, 125 g de sucre, 200 g de farine, 1 cuillère à café de levure chimique, 1 œuf et 1 sachet de sucre vanillé pour obtenir une pâte. Pelez et fendez les pommes.

Faites bouillir le jus de pomme avec le jus de citron, les 1 1/2 sachets de poudre pour pudding à la vanille et le 1/4 de tasse de sucre (utilisez moins ou plus si nécessaire) pour obtenir un pudding (utilisez donc le jus de pomme à la place du lait). Mélangez ensuite la crème pâtissière avec les pommes.

Pressez ensuite la pâte dans un moule à charnière graissé et répartissez le mélange de pommes dessus. Faites cuire le gâteau à 200°C pendant environ 1 heure. Laissez refroidir après la cuisson.

Fouettez la crème et incorporez-y la crème fraîche. Répartissez le mélange sur le gâteau et saupoudrez-le d'un sachet de sucre vanillé et de cannelle.

GÂTEAU AUX FRUITS AVEC GARNITURE À LA CRÈME AIGRE

Ingrédients

Pour la pâte :
100 g de beurre ou de margarine
100 g de sucre
100 g de farine
2 oeufs
2 cuillères à café de levure chimique
Pour la pâte :
100 g|de beurre ou de margarine
100 g de sucre
100 g de farine
2 oeufs
2 cuillères à café de levure chimique
Pour la pâte :
100 g|de beurre ou de margarine
100 g de sucre
100 g de farine
2 oeufs
2 cuillères à café de levure chimique

Préparation

Faites une pâte avec le beurre, le sucre, la farine,

LES 100 MEILLEURES RECETTES VÉGÉTARIENNES

les œufs et la levure chimique. Versez la pâte
dans un moule à charnière préparé.

Faites cuire dans un four chaud à 180 °C (haut/
bas) pendant environ 15 à 20 minutes.

Faites bouillir le jus de fruits avec le pudding à la vanille
selon les instructions figurant sur le paquet. Incorporez
les fruits. Versez le mélange sur la base précuite et faites
cuire à nouveau dans le four chaud pendant 15 minutes.

Battez les blancs d'œufs en neige. Mélangez les jaunes
d'œufs et la crème fraîche avec le sucre, puis incorporez
les blancs d'œufs battus. Répartissez à nouveau ce mélange
sur la base précuite. Placez à nouveau dans le four chaud
et faites cuire pendant 15 minutes supplémentaires.

GÂTEAU À LA CRÈME AIGRE AUX MANDARINES

Ingrédients

Pour la pâte brisée :
125 g de farine
65 g de sucre
65 g de margarine ou de beurre
1 oeuf(s)
1 cuillère à café de levure chimique
Pour la pâte brisée :
125 g|de farine
65 g de sucre
65 g de margarine ou de beurre
1 oeuf(s)
1 cuillère à café de levure chimique

Préparation

Pour un moule à charnière de 26.

Faire d'abord cuire le pudding (lait, poudre de pudding et sucre). Laissez refroidir. Mettez du film alimentaire à la surface pour éviter la formation d'une peau.

Égoutter les mandarines. Récupérer le jus.

Pétrissez ensemble les ingrédients de la base. Pressez la pâte dans le moule à charnière graissé, en faisant un rebord.

Mélangez la crème aigre avec le pudding refroidi et étalez sur la base. Répartissez les mandarines sur le dessus.

Faites cuire le gâteau à 175 °C en haut/bas pendant environ 80 minutes.

Lorsque le gâteau a refroidi, préparez un glaçage à partir du jus de mandarine et de la poudre de glaçage pour gâteau selon les instructions de l'emballage et recouvrez-en le gâteau.

GÂTEAU AUX POIRES AVEC MERINGUE

Ingrédients

Pour la pâte brisée :
200 g de farine
100 g de beurre
50 g de sucre
1 oeuf(s)
1 cuillère à café de levure chimique
Pour la pâte brisée :
200 g de farine
100 g de beurre
50 g de sucre
1 oeuf(s)
1 cuillère à café de levure chimique
Pour la pâte brisée :
200 g de farine
100 g de beurre
50 g de sucre
1 oeuf(s)
1 cuillère à café de levure chimique
Pour la pâte brisée :
200 g de farine
100 g de beurre
50 g de sucre
1 oeuf(s)
1 cuillère à café de levure chimique

Préparation

Préparez une pâte brisée lisse avec les ingrédients de la pâte. Étalez-la dans un moule à charnière de 26 cm et faites un rebord d'environ 2,5 cm de haut.

Coupez les poires en lamelles (pelez les poires fraîches) et placez-les sur la base du gâteau.

Pour le glaçage au fromage blanc :
Faites un pudding à partir de la poudre de crème pâtissière et de 350 ml de lait (et non 500 comme indiqué sur le paquet) et de 100 g de sucre, laissez refroidir et mélangez avec le reste des ingrédients du glaçage, étalez sur les poires !

Faites cuire le gâteau dans un four préchauffé à 180°C pendant environ 50 minutes.

Entre-temps, battez les blancs d'œufs en neige, ajoutez le sucre glace et faites cuire à nouveau à la même température pendant 10 minutes !

Conseil :
Ce gâteau est également délicieux avec des pommes, des pêches et des cerises fraîches !

TARTE AUX POMMES JUTEUSE AVEC UNE CROÛTE AU BEURRE D'AMANDE

Ingrédients

Pour la pâte :
250 g de beurre, ou de margarine
250 g de sucre
4 œuf(s)
1 pincée de sel
320 g de farine
12 cuillères à soupe de lait
2 cuillères à soupe de rhum
1 sachet de levure chimique
Pour la pâte :
250 g|de beurre, ou de margarine
250 g de sucre
4 œuf(s)
1 pincée de sel
320 g de farine
12 cuillères à soupe de lait
2 cuillères à soupe de rhum
1 sachet de levure chimique

Préparation

Pelez, épépinez et coupez les pommes en quatre, puis coupez-les en petits morceaux. Arrosez-les avec le jus de citron.

Préparez une pâte avec les ingrédients. Versez le mélange dans une plaque à pâtisserie recouverte de papier sulfurisé, répartissez les pommes dessus et faites cuire pendant 30 minutes à 200°C en haut/bas.

Pendant ce temps, portez à ébullition dans une casserole le beurre, la cannelle, les amandes, le miel, le sucre et la crème et laissez mijoter pendant 10 minutes.

Répartissez uniformément le mélange d'amandes sur le gâteau précuit et faites cuire pendant 15 à 20 minutes supplémentaires à 200°C chaleur supérieure/inférieure.

GÂTEAU AUX ZÉBRURES

Ingrédients

Pour la base :
3 œuf(s)
150 g de sucre
1 pct|de sucre vanillé
125 ml|d'huile de colza ou de tournesol
200 g de farine
1 pqt de levure chimique
1 cuillère à soupe de cacao
1 cuillère à soupe de lait
Pour la base :
3 œuf(s)
150 g de sucre
1 pqt de sucre vanillé
125 ml|d'huile de colza ou de tournesol
200 g de farine
1 pqt de levure chimique
1 cuillère à soupe de cacao
1 cuillère à soupe de lait

Préparation

Pour la pâte, battez les œufs avec le sucre et le sucre vanillé.
Incorporez l'huile. Enfin, ajoutez la farine avec la levure
chimique et mélangez jusqu'à obtenir une pâte homogène.

Divisez la pâte en deux portions égales. Laissez une moitié telle quelle et mélangez l'autre moitié avec la poudre de cacao et le lait. La pâte doit être un peu plus liquide qu'une éponge normale pour qu'elle coule mieux. Vous devrez peut-être ajouter un peu plus de lait, ou ajouter une cuillère à soupe de lait à la pâte claire également.

Graissez un moule à charnière de 26 cm ou tapissez-le de papier sulfurisé. Remplissez les deux pâtes alternativement à la cuillère, toujours au milieu. Mettez une boulette de pâte claire sur une boulette de pâte foncée, et ainsi de suite. La pâte s'écarte et s'étale d'elle-même sur le fond du moule et obtient ses zébrures. Il ne faut pas mettre trop de pâte sur la cuillère, plus vous ferez de couches alternées, plus le motif zébré sera fin. Et ne lissez en aucun cas, sinon le motif sera détruit. Faites cuire dans un four préchauffé à 160 degrés en convection ou 180 degrés en chaleur supérieure et inférieure pendant environ 35 à 40 minutes.

Divisez la base refroidie en deux. La moitié inférieure est la base de la garniture. Coupez la moitié supérieure en cubes d'environ 2 cm de côté. Coupez les fraises en deux ou en quatre selon leur taille et égouttez les mandarines. Laissez 2 cuillères à soupe de jus.

Pour la crème, fouettez la crème en chantilly et mélangez le yaourt avec le sucre. Faites tremper et essorez la gélatine selon les instructions figurant sur le paquet. Faites chauffer le jus de mandarine et incorporez la gélatine pressée pour la dissoudre. Ajoutez maintenant 1 cuillère à soupe de yaourt à la gélatine, afin qu'il n'y ait pas de grumeaux, fouettez et mélangez la gélatine dissoute au reste du yaourt. Enfin, incorporez la crème fouettée.

Recouvrez maintenant la base, en la mélangeant autant que possible. Répartissez simplement quelques morceaux de gâteau, quelques morceaux de fraises et des mandarines de façon sauvage sur la base. Ils peuvent être disposés en croix, en diagonale et les uns sur les autres. Versez ensuite quelques cuillerées de crème au yaourt sur le dessus et répétez l'opération deux fois jusqu'à épuisement des fruits et des morceaux de pâte. Vous pouvez également laisser quelques fruits ou morceaux de pâte et les répartir sur le gâteau.

Maintenant, le gâteau crash zebra doit être mis au réfrigérateur pendant quelques heures pour que la crème devienne ferme.

GÂTEAU PATCHWORK

Ingrédients

12 œuf(s)
300 g de sucre
1 pincée de sel
360 g de farine
2 cuillères à café de levure chimique
1|gousse(s) de vanille, dont on aura gratté la moelle
200 g de crème fouettée
250 g de fromage blanc à 40% de matières grasses
500 g de mascarpone, ou de fromage frais double crème
1 cuillère à café|de zestes d'orange non traités, râpés
1|citron(s)
50 g de sucre en poudre
500 g de fruits (fraises, bananes, myrtilles, raisins)
1 petite boîte/des ananas en morceaux, égouttés poids 260 g
1 petite boîte de conserve de mandarine(s),
égouttée(s) poids 175 g
2 paquets/s|de glaçage pour gâteaux, blanc

Préparation

Tapisser une plaque à pâtisserie de papier sulfurisé,
préchauffer le four à 180 °C.

Pâte :
Séparez les œufs et montez les blancs en neige. Battre les jaunes
d'œufs, la pulpe de vanille, le sucre et le sel avec un batteur
à main jusqu'à ce qu'ils deviennent mousseux. Mélanger

la farine avec la levure chimique et l'ajouter lentement au mélange de jaunes d'œufs. Incorporer délicatement. Enfin, incorporez délicatement les blancs d'œufs battus. Versez immédiatement le mélange de génoise sur la plaque de cuisson et faites cuire dans le tiers inférieur du four pendant environ 20-30 minutes. Détachez l'éponge du bord avec un couteau et laissez-la refroidir sur une grille du four.

Crème :
Fouettez la crème jusqu'à ce qu'elle soit ferme. Râper le zeste d'orange. Mélangez le séré avec le mascarpone, le zeste d'orange, le jus de citron et le sucre glace. Incorporer la crème au mélange. Assaisonnez à votre goût et si ce n'est pas assez sucré, ajoutez simplement un peu plus de sucre glace.

Garniture aux fruits :
Lavez et nettoyez les fruits frais. Coupez les fraises en quartiers, les bananes en tranches, les raisins en deux. Egouttez les fruits en conserve. Réservez le jus pour le glaçage du gâteau. Vous pouvez également utiliser d'autres types de fruits, par exemple des cerises, des groseilles à maquereau ou des framboises fraîches.

Retournez la génoise sur une grande assiette (plateau), retirez le papier. Répartissez le mélange de fromage blanc sur l'éponge. À l'aide d'un couteau, découpez 24 carrés de 4 x 6 dans la crème. Recouvrez chaque carré d'un type de fruit différent. Préparez le glaçage du gâteau avec du sucre et du jus de fruits collecté selon les instructions figurant sur le paquet. Étalez-le ensuite en fine couche sur les fruits à l'aide d'un pinceau à pâtisserie. Si vous le souhaitez, vous pouvez saupoudrer des feuilles de mélisse sur le dessus.

Si vous terminez le gâteau peu avant de le servir,

vous pouvez omettre le glaçage.

GÂTEAU AUX FRUITS

Ingrédients

5 œuf(s), séparés
200 g de beurre ou de margarine
270 g de sucre (si c'est trop, utilisez-en moins)
1 paquet de sucre vanillé
230 g|Farine de blé type 405 (la farine d'épeautre
type 630 est également très bonne)
½ sachet de levure chimique
|fruits, au choix, pour la garniture

Préparation

Séparez les œufs. Battez les blancs d'oeufs en neige.
Battez en crème les jaunes, le sucre, le sucre vanillé et le
beurre. Mélangez la farine et la levure chimique et incorporez-
les au mélange. Incorporez les blancs d'oeufs battus.

Étalez la pâte sur une plaque à pâtisserie recouverte de
papier sulfurisé et garnissez-la de fruits. Personnellement,
je préfère les abricots ou les prunes (pour les non-
Autrichiens : abricots ou prunes),
mais j'en ai aussi mangé avec des cerises.

Faites cuire au four à 190 °C en haut/bas pendant environ
25 à 35 minutes jusqu'à ce que la surface soit dorée.
Lorsqu'il est refroidi, saupoudrer de sucre glace.

Ce gâteau est vraiment LE succès car il reste exceptionnel-
lement humide. Il n'y a pratiquement personne qui l'ait

goûté sans en demander immédiatement la recette.

POMME - CRÈME AIGRE - GÂTEAU

Ingrédients

Pour la pâte :
175 g de beurre
160 g de sucre
200 g de farine
1 cuillère à café de levure chimique
1 oeuf(s)
Pour la pâte :
175 g|de beurre
160 g de sucre
200 g de farine
1 cuillère à café de levure chimique
1 oeuf(s)
Pour la pâte :
175 g de beurre
160 g de sucre
200 g de farine
1 cuillère à café de levure chimique
1 oeuf(s)

Préparation

Pour la garniture :
Pelez 4-5 pommes et coupez-les en cubes. Portez ensuite
le jus de pomme à ébullition avec le jus de citron, le

sucre et la poudre à crème pâtissière (utilisez une grande casserole !). Remuez plusieurs fois pendant l'ébullition jusqu'à ce que le mélange devienne un peu ferme. Retirez ensuite du feu et incorporez les morceaux de pomme.

Pour la pâte :
Préparez la pâte brisée à partir des ingrédients et placez-la sur un moule à charnière recouvert de papier sulfurisé. Tirez la pâte sur les côtés du moule (il faut un peu de patience ici). Versez ensuite le mélange pommes-pudding refroidi sur la pâte brisée crue et faites cuire dans un four préchauffé à 180 - 200 degrés C en haut/bas pendant environ 20 - 30 minutes. Laissez refroidir pendant quelques heures.

Pour la crème :
Pour la décoration, fouetter la crème avec le sucre jusqu'à ce qu'elle soit ferme, puis incorporer délicatement la crème aigre. Répartissez la crème et la crème aigre sur le gâteau refroidi et - selon votre goût - saupoudrez le mélange cannelle-sucre sur le dessus.

GÂTEAU AUX CERISES

Ingrédients

300 g de farine
130 g de sucre
130 g de beurre
2 jaunes d'oeuf
2 cuillères à café|de levure chimique
2 cuillères à soupe|de lait
2 verres|de cerises aigres
1 pqt de poudre à crème pâtissière à la vanille
|Graisse pour le moule

Préparation

Mélangez et tamisez la farine et la levure chimique. Ajoutez
le sucre, le beurre, le jaune d'œuf et le lait et faites une pâte
malaxée. Mettez une partie de la pâte de côté. Versez le reste
de la pâte dans un moule à gâteau graissé, en faisant un rebord.

Egouttez les cerises. Portez 500 ml du jus de cerise
à ébullition avec la poudre de pudding à la vanille,
ajoutez enfin les cerises et laissez bouillir brièvement.
Laissez refroidir légèrement et versez sur la pâte. Etalez
la pâte réservée et découpez des bandes. Recouvrez le
gâteau avec les bandes en formant un quadrillage.

Faites cuire dans un four chaud à 200 °C en haut/
bas pendant environ 30 à 40 minutes.

TARTE AUX POMMES AVEC CRUMBLE

Ingrédients

500 g|de farine
250 ml|de lait, tiède
75 g de beurre
75 g de sucre
1 pincée(s) de sel
1 paquet de levure sèche
2 oeufs
500 g de farine
250 ml|de lait, tiède
75 g de beurre
75 g de sucre
1 pincée de sel
1 paquet de levure sèche
2 oeufs
500 g de farine
250 ml de lait tiède
75 g de beurre
75 g de sucre
1 pincée de sel
1 paquet de levure sèche
2 oeufs

Préparation

À l'aide du crochet pétrisseur du batteur, pétrissez bien les ingrédients supérieurs de la pâte à levure pendant environ 15 à 20 minutes. Laissez ensuite lever la pâte pendant environ 40 minutes dans un endroit chaud, par exemple devant le radiateur.

Pendant que la pâte lève, épluchez environ 7 grosses pommes et coupez-les en tranches plus épaisses. Après la levée, travaillez à nouveau la pâte avec vos mains (saupoudrées de farine) et laissez-la lever à nouveau pendant 10 minutes. Pendant ce temps, vous pouvez préparer le crumble. Pour ce faire, prenez les ingrédients énumérés ci-dessous et mélangez-les bien avec un mixeur. Enfin, pétrissez la pâte avec vos mains. Une fois que la pâte a levé, étalez-la bien sur une plaque de cuisson (avec du papier sulfurisé). Insérez les tranches de pommes dans la pâte et appuyez bien dessus. Répartissez maintenant le crumble sur le gâteau avec vos mains. Faites cuire au four pendant environ 30 minutes à 180 degrés. Vérifiez de temps en temps qu'il ne devient pas trop foncé. Baissez la température si nécessaire.

Si vous le souhaitez, vous pouvez déguster le gâteau avec de la crème, mais il est également bon sans.

CRUMBLE AUX CERISES

Ingrédients

300 g de farine
75 g de fécule
1 cuillère à café de levure chimique
175 g de sucre
1 pincée de sel
1 oeuf(s)
200 g de beurre
2 verres de cerises griottes
300 g de farine
75 g de fécule
1 cuillère à café de levure chimique
175 g de sucre
1 pincée de sel
1 oeuf(s)
200 g de beurre
2 verres de cerises griottes

Préparation

Battez en crème le sucre avec l'oeuf et le beurre. Tamisez la farine avec la maïzena et la levure chimique et ajoutez-la au mélange de sucre et d'oeufs. Versez le mélange sur une plaque à pâtisserie de 30 x 40 cm et recouvrez-le des cerises égouttées.

Pour le crumble, mélangez la farine, le beurre, le sucre et

le sucre vanillé et répartissez le crumble sur les cerises.

Faites cuire le gâteau au milieu du four à 180°C pendant environ 40 minutes.

Il est également très bon avec des pommes.

MOUSSE FINE AU BABEURRE AVEC FRAMBOISES MARINÉES

Ingrédients

4 feuilles de gélatine
300 ml|de babeurre
2 cuillères à café de zeste de citron
65 g de sucre
10 g de sucre vanillé
5 cuillères à soupe de jus de citron
200 ml|de crème fouettée
400 g de framboises
1 cuillère à soupe de sucre en poudre
20 g|de chocolat

Préparation

Faites tremper la gélatine dans de l'eau froide. Assaisonnez le babeurre avec le zeste de citron. Faites fondre les deux types de sucre avec 4 cuillères à soupe de jus de citron dans une petite casserole à feu moyen et retirez du feu.

Pressez bien la gélatine et faites-la fondre dans le sirop de sucre chaud. Incorporez progressivement le babeurre, puis versez dans un bol. Réfrigérer pendant environ 30 minutes, en remuant de temps en temps, jusqu'à ce que le babeurre commence à se gélifier.

Fouettez la crème à fouetter jusqu'à ce qu'elle soit à moitié ferme. Incorporez d'abord soigneusement une moitié de la crème à la crème au babeurre à l'aide d'un fouet, puis l'autre moitié. Versez dans un bol de service et mettez au frais pendant au moins 3 heures.

Nettoyez les framboises. Réduisez en purée fine un bon tiers des baies dans un récipient haut avec le sucre glace et 1 cuillère à soupe de jus de citron à l'aide d'un mixeur plongeant. Ajoutez le reste des baies et mélangez.

Décortiquez le chocolat blanc de la barre à l'aide d'un économe. Prélevez de petites boules de mousse au babeurre et disposez-les sur des assiettes. Servir garni de framboises et de chocolat.

GINGEMBRE CONFIT

Ingrédients

100 g de gingembre frais
100 g de sucre
100 ml|d'eau
3 orange(s)
selon les goûts, jus de citron

Préparation

Pelez le gingembre et coupez-le en bâtonnets ou
en cubes (d'environ 5 mm d'épaisseur).

Portez l'eau avec le gingembre à ébullition et laissez
mijoter pendant environ 20 minutes. Le gingembre doit
encore avoir du mordant. Ajoutez maintenant le sucre
et faites-le dissoudre. Laissez refroidir le tout.

Deux jours de suite, faites mijoter le bouillon avec le
gingembre pendant 20 minutes chacun et laissez refroidir.

Le quatrième jour, faites mijoter le bouillon jusqu'à ce
que le gingembre soit glacé et le bouillon sirupeux.

Retirez le gingembre du sirop et laissez-le s'égoutter sur
une grille. Mettez-le dans un bocal hermétique à couvercle
vissé. Il se conservera pendant environ 6 mois s'il n'est
pas consommé avant, dans un endroit frais et sombre.

Vous pouvez soit mettre le sirop en bouteille immédiatement
alors qu'il est encore bouillant (s'il doit être consommé comme

sirop de gingembre) (durée de conservation d'environ 6 mois), soit le remplir avec le jus des oranges et un peu de jus de citron et le faire bouillir à nouveau jusqu'à ce qu'il devienne sirupeux (il peut être nécessaire d'ajouter un peu de sucre, mais c'est une question de goût). Remplissez les bouteilles pendant qu'elles sont encore chaudes (durée de conservation d'environ 6 mois).

Si vous souhaitez que le sirop soit limpide, passez-le dans un torchon propre avant de le mettre en bouteille. Portez à nouveau brièvement à ébullition, puis mettez en bouteille.

Le sirop est délicieux avec de l'eau gazeuse
glacée ou du champagne !
La quantité peut être multipliée à tout moment !

TIRAMISU AUX FRAISES

Ingrédients

750 g de fraises fraîches
2 cuillères à soupe de jus de citron
80 g de sucre en poudre
250 g de mascarpone
250 g de fromage blanc (20% de matières grasses)
200 g|de doigts d'éponge

Préparation

Réduisez en purée les fraises, le jus de citron et le sucre glace.
Mélangez ensuite le mascarpone et le quark avec les 2/3 du
mélange de fraises. Versez le mélange dans un grand bol en
plusieurs couches, en commençant par une couche de doigts
de dame et en répartissant le reste du mélange de fraises sur les
doigts de dame. Mettez au frais pendant au moins 3 heures.
Il est préférable de le préparer la veille et
de le réfrigérer toute la nuit.

CONSERVATION DE L'ANANAS

Ingrédients

2 ananas frais de taille moyenne
1 litre d'eau
300 g de sucre

Préparation

Faites bouillir une solution sucrée à partir d'un litre d'eau et de 300 grammes de sucre. Faites bouillir jusqu'à ce que le sucre soit dissous. Mettez de côté pour refroidir. Il faut cette quantité pour environ 2 à 3 verres d'un litre d'ananas.

Enlever les grosses saletés de l'ananas avec une brosse.

Je coupe d'abord l'ananas en tranches d'environ un demi-centimètre à un centimètre d'épaisseur. Cela peut se faire à l'aide d'une trancheuse ou d'un bon couteau. De cette façon, vous pouvez voir exactement l'épaisseur de la peau et il y a moins de déchets.

Enlevez maintenant la peau extérieure des tranches individuelles et retirez la partie centrale. Pour la partie intérieure, un coupe-pâte en tôle fonctionne parfaitement. Si vous préférez les morceaux, coupez les tranches en morceaux plus petits et réguliers.

Superposez les tranches d'ananas dans des bocaux de conservation.
J'ai trié les plus petites tranches et les morceaux cassés dans un bocal supplémentaire.
J'ai utilisé des bocaux d'un litre car l'ouverture est suffisamment grande et les tranches d'ananas devraient tenir sans se casser. Versez la solution sucrée sur les tranches d'ananas jusqu'à un centimètre du bord (vous pouvez remplir des bocaux tulipes).

Fermez les bocaux comme indiqué et faites bouillir.

Faites bouillir : 85 °C 35 min.

TARTE À LA RHUBARBE AVEC MERINGUE

Ingrédients

200 g de farine
100 g de margarine (demi-grasse)
75 g de sucre
2 cuillères à café de levure chimique
1 paquet de poudre de pudding à la vanille
300 ml de lait
500 g de rhubarbe
un peu de sucre pour la rhubarbe
100 g de sucre en poudre
3 oeufs

Préparation

Séparez les oeufs. Faites une pâte brisée avec la farine, la margarine, le sucre, la levure et les jaunes d'oeufs, mettez-la au frais.

Pendant ce temps, épluchez la rhubarbe, coupez-la en petits morceaux et sucrez-la.

Préparez un pudding avec la poudre pour pudding et le lait (vous pouvez aussi utiliser l'eau de rhubarbe si vous le souhaitez !) Cependant, vous ne devez pas utiliser plus de 300 ml) et incorporez les morceaux de rhubarbe. Versez le mélange dans le moule à charnière préparé avec la pâte et faites-le cuire à 180 °C pendant 20 minutes.

Battez maintenant les blancs d'œufs avec le sucre glace jusqu'à ce qu'ils soient fermes et étalez-les sur le gâteau précuit. Faites cuire à nouveau le gâteau entier pendant environ 25 minutes à 160 °C!

GÂTEAU À LA RHUBARBE

Ingrédients

100 g de margarine (margarine demi-grasse)
90 g de sucre
3 œufs, dont le(s) jaune(s)
6 cuillères à soupe d'eau
150 g de farine
½ cuillère à café|de levure chimique
400 g de rhubarbe
3 oeufs, dont le(s) blanc(s)
150 g de sucre

Préparation

Crémer la graisse et le sucre, ajouter les jaunes d'œufs. Ajoutez petit à petit l'eau, la farine et la levure chimique. Versez le mélange dans un moule à charnière graissé et faites cuire pendant 20 minutes à environ 200 degrés. Blanchir les morceaux de rhubarbe nettoyés et saupoudrer d'une cuillère à soupe de sucre. Versez-les sur la base précuite. Battre en neige 3 blancs d'oeufs avec 150 g de sucre et les répartir sur la dernière couche. Faites cuire encore 15 minutes à environ 175 degrés.

GÂTEAU FIN À LA RHUBARBE

Ingrédients

500 g|de rhubarbe, épluchée
2 cuillères à soupe de sucre
500 g de rhubarbe épluchée
2 cuillères à soupe de sucre

Préparation

Mélangez la rhubarbe épluchée avec 2 cuillères à soupe de sucre. Mélangez la farine avec la levure, le zeste de citron et une pincée de sel.

Pour la pâte, séparez d'abord les œufs, mettez les jaunes et les blancs d'œufs dans deux bols séparés. Battez les blancs d'œufs avec un batteur électrique à main jusqu'à ce qu'ils soient fermes. Battre en crème les jaunes d'œufs avec le beurre mou et le sucre. Tamisez le mélange de farine sur le dessus et incorporez-le. Enfin, incorporez les blancs d'œufs battus dans la pâte à l'aide d'une cuillère.

Versez la pâte dans un moule à gâteau préparé et lissez-la. Placez les morceaux de rhubarbe de manière égale sur le dessus. Faites cuire dans le four préchauffé à 200°C, sur l'étagère du milieu, pendant environ 35 à 45 minutes.

DESSERT GLACÉ AUX SPAGHETTIS

Ingrédients

2 tasses de crème
500 g|Quark
500 g|Mascarpone
150 g de sucre
2 cuillères à soupe de jus de citron
400 g de fraises
1 barre|de chocolat blanc

Préparation

Fouettez la crème jusqu'à ce qu'elle soit bien ferme. Mélangez ensuite le séré, le mascarpone, le sucre et le jus de citron, puis incorporez la crème fouettée. Versez dans un bol ou dans des coupes à dessert. Réduisez les fraises en purée et ajoutez un peu plus de sucre et de jus de citron selon votre goût. Versez la purée de fraises sur le mélange de fromage blanc. Enfin, râpez le chocolat et saupoudrez-le sur le dessert.

DESSERT AU FROMAGE BLANC À LA CRÈME GLACÉE SPAGHETTI

Ingrédients

500 g|de fromage blanc écrémé
500 g de mascarpone
170 g de sucre en poudre
2 cuillères à café de jus de citron
1 paquet de sucre vanillé
700 ml|de crème fouettée, montée en chantilly
500 g|de fraises, fraîches ou surgelées
150 g|de copeaux de chocolat blanc

Préparation

Mélangez bien le séré maigre, le mascarpone, le sucre glace, le jus de citron et le sucre vanillé. Incorporez la crème fouettée au mélange. Nettoyez et écrasez les fraises, puis ajoutez-les au mélange. Enfin, saupoudrez les pépites de chocolat blanc sur la sauce aux fraises. Placez au réfrigérateur pendant 2 heures avant de servir.

CRÈME GLACÉE AUX FRAISES

Ingrédients

150 g|de fraises ou autres baies
70 g|sucre fin
125 ml|de lait (frais)
50 ml|de crème fraîche
2 cuillères à soupe|de jus de citron

Préparation

Lavez les fraises (vous pouvez également utiliser des myrtilles, des framboises ou des groseilles à la place des fraises). Réduisez ensuite les fraises en purée avec le sucre, le jus de citron et le lait.

Fouettez la crème sucrée jusqu'à ce qu'elle soit presque ferme et incorporez-la au mélange de fraises. Laissez tourner dans la sorbetière pendant 20 à 35 minutes. Conseil : Servez avec des fruits froids.

GÂTEAU CRUMBLE AUX FRAISES

Ingrédients

Pour la pâte :
250 g|de farine
1 cuillère à café de levure chimique
125 g de sucre
1 pincée de cannelle
1 oeuf(s)
125 g de beurre
Pour la pâte :
250 g|de farine
1 cuillère à café de levure chimique
125 g de sucre
1 pincée de cannelle
1 oeuf(s)
125 g de beurre
Pour la pâte :
250 g|de farine
1 cuillère à café de levure chimique
125 g de sucre
1 pincée de cannelle
1 oeuf(s)
125 g de beurre

Préparation

Pour le crumble :
Mélangez tous les ingrédients de la pâte pour en faire
des crumbles, graissez le moule à charnière, pressez
fermement les 2/3 des crumbles dans le moule à charnière.
Placez le reste du crumble sur une plaque de cuisson
recouverte de papier sulfurisé et faites-le cuire dans un
four préchauffé à 180°C pendant environ 10 à 15 minutes.
Laissez refroidir, placez soigneusement le fond sur un
plat à gâteau. Placez un cercle à gâteau autour.

Pour le nappage :
Nettoyer les fraises, les placer entières sur la base, préparer
le glaçage du gâteau avec du vin blanc ou de l'eau et du sucre
selon les instructions et verser sur les fraises, laisser refroidir.

Pour le nappage à la crème :
Fouetter la crème, les solides de la crème, le sucre vanillé et
le sucre jusqu'à ce qu'elle soit ferme, verser sur la garniture
aux fraises, saupoudrer le crumble préparé sur le plateau
sur la crème, presser légèrement et garnir de fraises.

GÂTEAU VÉGÉTALIEN À LA RHUBARBE AVEC SUBSTITUT DE MERINGUE

Ingrédients

1 kg|de rhubarbe
125 g de sucre
1 kg|de rhubarbe
125 g de sucre
1 kg de rhubarbe
125 g de sucre
1 kg|Rhubarbe
125 g de sucre

Préparation

Préchauffez le four à 175 °C en haut/bas.

Nettoyez la rhubarbe, coupez-la en petits morceaux et mélangez-la avec le sucre. Laissez reposer pendant 4 heures.

Pour la pâte, mélangez en crème la margarine, le sucre et le sucre vanillé. Mélangez la farine de lin avec 8 cuillères à soupe d'eau et laissez gonfler pendant 10 minutes. Incorporez ensuite ce mélange à la pâte. Mélangez la farine avec la levure chimique et incorporez-la brièvement. Incorporez le lait d'avoine.

Versez la pâte dans un moule à charnière de 26 cm graissé.

Faites précuire dans le four préchauffé pendant environ 5 minutes sur le plateau du milieu.

Pour le nappage, faites cuire une crème de jus de rhubarbe et de pudding à la vanille, puis laissez la crème refroidir. Mélangez la crème froide avec les morceaux de rhubarbe et répartissez-la uniformément sur le fond de tarte. Faites cuire au four pendant 35 minutes supplémentaires.

Pendant ce temps, battez lentement l'aquafaba jusqu'à ce qu'il soit semi-rigide, ajoutez le sucre glace et battez jusqu'à ce qu'il soit bien ferme. Répartissez le mélange sur le gâteau 15 minutes avant la fin de la cuisson, en faisant de petites pointes sur le dessus.

Faites cuire le gâteau pendant les 15 minutes restantes jusqu'à ce que le mélange soit bruni.

GÂTEAU À LA RHUBARBE

Ingrédients

175 g de sucre
175 g de beurre ou de margarine
175 g de farine
2 cuillères à café de levure chimique
3 jaunes d'oeufs
3 cuillères à soupe d'eau tiède
500 g de rhubarbe
3 blancs d'oeufs
175 g de sucre

Préparation

Mélanger la farine et la levure chimique. Mélanger le beurre et le sucre, ajouter progressivement les jaunes d'œufs, le mélange de farine et de levure chimique et l'eau. Versez dans un moule à charnière graissé. Répartir la rhubarbe nettoyée et hachée sur le dessus et faire cuire dans un four préchauffé à 175 °C à convection pendant environ 25 minutes.

Battre les blancs d'œufs en neige, incorporer le sucre et répartir sur le gâteau. Faites cuire à nouveau pendant 20 minutes.

CRÈME GLACÉE AUX FRAISES DE KUECHLI POUR LA SORBETIÈRE

Ingrédients

300 g|de yaourt, (yaourt à la crème grecque)
à 10% de matières grasses
300 ml|de crème fraîche
150 g de sucre en poudre
400 g|de fraises, nettoyées
½|citron(s), le jus de ceux-ci

Préparation

Réduisez les fraises en purée à l'aide du blender et de la crème,
ajoutez le yaourt et le jus de citron et le sucre selon votre
goût. Veuillez noter que le mélange aura un goût plus sucré
à l'état liquide que celui de la crème glacée en réalité. La
quantité de sucre dépend également de la douceur des fruits
que vous utilisez. Mettez le mélange dans la sorbetière.

Notes :
Je fais toujours ma crème glacée avec ma sorbetière
- elle est tellement plus crémeuse.
Il est probablement possible de réaliser la recette sans machine,
dans ce cas, veillez à aller au congélateur aussi souvent que
possible et à bien remuer le mélange avec une fourchette pour
que les cristaux de glace soient aussi petits que possible.

CONFITURE DE MIRABELLES À L'ARÔME DE ROMARIN

Ingrédients

1 kg|de mirabelles dénoyautées
500 g|de sucre gélifiant, 2:1
1|citron(s), dont le jus
2 branche(s) de romarin
3 cuillères à soupe de rhum

Préparation

Hachez finement les mirabelles, mélangez-les avec le sucre glace et le jus de citron et portez-les à ébullition dans une grande casserole. Ajoutez le romarin et faites bouillir en remuant pendant environ 4 minutes jusqu'à ce que le mélange bouillonne. Retirez le romarin et incorporez le rhum. Versez dans des bocaux à couvercle tournant et fermez hermétiquement. Donne environ 5 verres.

BRIOCHE FRANÇAISE, LA MEILLEURE DU MONDE

Ingrédients

500 g de farine
60 g de sucre
60 g de beurre
1 oeuf(s)
225 ml|de lait, tiède
1 pincée de sel
1 paquet de levure sèche
1 jaune d'œuf
4 cuillères à soupe de sucre cristallisé

Préparation

Je fais toujours la pâte dans le Kitchen Aid avec le crochet à pâte parce que le secret de ces brioches est le long pétrissage, je pense que cela fonctionnera avec n'importe quel autre robot culinaire avec un crochet à pâte, avec un mixeur et un crochet à pâte ce sera un peu fastidieux et je ne pétrirais pas la pâte à la main parce qu'elle est très molle.

Mélangez la farine, le sucre et la levure sèche, mettez en marche le Kitchen Aid avec le crochet pétrisseur, la vitesse 2 - 3 est tout à fait suffisante. Ajoutez le lait tiède et l'oeuf, coupez le beurre en petits morceaux et ajoutez-le aussi, n'oubliez pas

le sel. Laissez le tout pétrir pendant 20 minutes, pas moins !
Laissez la pâte lever dans un endroit chaud pendant 1
heure, puis pétrissez à nouveau pendant 3 minutes.

Mettez la pâte dans un moule à brioche ou à pain. Vous
pouvez également diviser la pâte en 3 parties et tresser
une petite tresse, puis la placer dans le moule à pain.
Laissez la pâte lever dans le moule pendant encore 1
heure, puis badigeonnez-la de jaune d'œuf et saupoudrez-
la de sucre cristallisé. Faites cuire au four pendant 35 à 40
minutes à 150 °C en haut/bas, sur l'étagère du milieu.

La brioche est meilleure avec du beurre
et de la confiture maison.

PANINI

Ingrédients

500 g|de farine, type 550
250 g|Eau, tiède
8 g de sel
1 cuillère à café de sucre
14 g|de levure fraîche
3 cuillères à soupe d'huile d'olive

Préparation

Dissolvez bien le sel, le sucre, la levure dans l'eau et laissez reposer pendant 5 minutes. Ajoutez l'eau, l'huile d'olive à la farine et pétrissez le mélange à la main pendant un bon quart d'heure. Couvrez la pâte et laissez-la reposer à température ambiante pendant 2 heures.

Coupez la pâte en morceaux de 90-100 g chacun. Formez des boules, appuyez bien avec votre doigt, faites un trou au milieu et formez un anneau avec vos mains. Placez-les sur une plaque à pâtisserie recouverte de papier sulfurisé, couvrez-les d'un linge et laissez-les lever à nouveau pendant 15 minutes. Pendant ce temps, préchauffez le four à 250°.

Faites cuire les ébauches sur la grille la plus basse pendant 15-20 minutes. Laissez refroidir.

ROULEAUX RAPIDES À LA RICOTTA AVEC DES GRAINES DE SÉSAME

Ingrédients

250 g|de farine d'épeautre (complète)
1 sachet de levure chimique
1 œuf(s)
150 g de séré maigre
100 g de yaourt nature
2 cuillères à soupe de sésame
1 cuillère à café|de sel, ou de poudre d'herbes aromatiques

Préparation

Mélangez le séré, le yaourt et l'œuf dans un saladier avec le crochet à pâte jusqu'à obtenir un mélange homogène. Ajoutez la levure, le sel et progressivement la farine complète d'épeautre, puis incorporez 2 cuillères à soupe de graines de sésame.

Tapissez une plaque à pâtisserie de papier sulfurisé et déposez 5 gros rouleaux sur la plaque. La pâte est très molle et colle, mais avec les mains mouillées, vous pouvez facilement faire tomber la pâte sur la plaque. Les petits pains ont encore un bel aspect après coup. Mettez la plaque dans un four froid (!) (étagère du milieu, chaleur supérieure et inférieure) et réglez à 220°. Faites cuire pendant 20 minutes jusqu'à ce que les petits pains soient légèrement bruns et parfumés.

MENTIONS LÉGALES

Printed by Amazon Italia Logistica S.r.l.
Torrazza Piemonte (TO), Italy

52758396R00107